いきなりですが、問題です。

問題

何色で書いてあるか、
声に出して答えてください。

例	あか	⟶	黒（黒字で書いてあるので）
1	くろ	⟶	
2	あお	⟶	
3	あか	⟶	
4	きいろ	⟶	
5	あか	⟶	
6	あお	⟶	
7	あお	⟶	
8	くろ	⟶	
9	あお	⟶	
10	くろ	⟶	

☞このテストでわかる「ワーキングメモリのはたらき」とは？
くわしくは、本文 24, 25 ページへ！

頭がいい子を育てる
8つのあそびと5つの習慣

諏訪東京理科大学教授
篠原菊紀

Discover

はじめに

この本を手に取ってくださってありがとうございます。

私は大学で、日常的な場面での脳活動を調べています。おもに大脳の前頭葉、頭頂葉、側頭葉をターゲットとして、たとえば、TVゲームをしているとき、勉強をしているとき、運動をしているときなどを調べています。

企業との共同研究や幼児ポピーの監修のほか、マスコミからの実験依頼も少なからずあります。

並行して、学生相談室長として相談業務も行っています。

ここ数年は、ＮＨＫラジオの「夏休みこども科学電話相談」で「こころとからだ」を担当しています。

そこでは、

「どうすれば、国語ができるようになりますか？」

といった質問も寄せられます。

お子さんからこのような質問をされたとして、あなたはどのように答えますか。

私は、次のように答えます。

「う～ん、すごい。

国語ができるようになりたいって思ってるんだ。

しかも、どうすればって具体的に考えながら……。

そうやって強い意志を持ちながら、具体的な方法を探っていくと、あなたに合う方法が必ず見つかるし、何よりも方法が見つかる前に国語ができるようになっちゃうよ！」

「『うまくいっているなら変えるな、うまくいっていないなら、いままでと違う何かをしなさい』が大原則。誰にでも役立つ正しい方法があるわけじゃないんだ」

「とはいえ、せっかく相談してくれたから、1つだけ秘技を教えるね。

それは、国語を勉強し終わったら、『あー、楽しかった』と必ず言うこと。

それも、3回。

1回目は大きく、2回目はゆっくり、3回目は心を込めてね。

いい？」

「慣れてきたら、勉強をはじめる前にも言おう。
『よっしゃ、国語だぜ！』、これは2回でOK。
できそう？　けっこう、大変だけど」

「できる？」

「じゃ、やってみて！」

この方法は、「やる気」に関係する脳の部位の活動を高め、その活動を維持するのに役立つ方法です。

しかし、大切なのは前半です。意欲があって、なんらかの方法を求めているとき、どこかに正解があると考えてしまうのがダメなのです。

大切なのは、方法を模索する力を持つこと。模索する自分をモニターする力を獲得することです。

実はこれが、いわゆる「頭のよさ」の重要な要素の1つなのです。

「子どもの出来は遺伝」というのは間違い!

とはいえ、親御さんも悩みが多いようで、講演会などで、

「うちの子は、なぜテストの点数がいつも悪いのでしょうか?」

「子どもの出来は、遺伝で決まっているものなのでしょうか?」

といったご相談を受けることもよくあります。

いわゆる知能の背景に遺伝子があることは否定できません。

たとえば、遺伝子が同一の一卵性双生児と、半分は一致する二卵性双生児を比較すると、知能テスト、学業成績などでは、一卵性双生児のほうで一致率が高まります。

そこから計算すると、知能に与える遺伝子の影響は5~8割ほど、学業成績では4~5割ほどになります。確かに、遺伝の影響は少なからずあるわけです。

しかし、頭のよさ(一時期はやった言葉で言うと「地頭力」)にかかわるような脳の連合野、とりわけ前頭連合野は、ほかの脳部位に比べてゆっくりと成長します（くわしくは、28ページ以降でお話しします）。

これは環境に合わせて、脳がその配線や構造を柔軟に変えるためで、そのぶん、環境の影響を強く受けることになります。

つまり、**頭がいいかどうかということは、生まれつきですべてが決まってしまうわけではなく、育ち方によって、あるいは自分の自発性や、体験の仕方によって大きく変わる**ということです。

そもそも、「頭がいい」ってどういうこと？

ところで、先ほどから使っている「頭がいい」という言葉にもいろんな意味があります。ここで、本書で言う「頭のよさ」について、みなさんと認識を共有しておきたいと思います。

インターネットの発達によって、誰でも簡単に情報を手に入れることができるようになった現在、どれだけ多くの知識を持っているかということよりも、自分が得た情報をどのように組み合わせて思考することができるか、という能力が問われるようになってきています。

具体的に言うと、たとえば、物事を俯瞰的にとらえる力、対象をイメージ化する力、先を見通す思考力などが重要になっています。それが、「**自分の頭で考える力**」のことです。

この思考や判断、意思、計画、言語表出、表情判断などといった知的作業に強くかかわるのが、大脳の前頭葉が持つ「**ワーキングメモリ**」（作業記憶）のはたらきです（くわしくは23ページ）。

もう少し踏み込むと、1つの課題を解決しても、それで終わりとするのではなく、問題を次々に見つける知的好奇心、それを解決していこうとする意欲を持ち続けられるメンタリティの強さも、「頭のよさ」には必要になってきます（先ほどの、「模索する自分をモニターする力」に関係します）。

まとめると、本書で言う**「頭のよさ」の大きな要素は、「ワーキングメモリの力」と「やる気」**ということになります。

この意味で頭がいいかどうかは、先ほどお話ししたように、生まれつき持っている素質の影響がある程度はありますが、環境や訓練や自発性によってその成長は大幅に変わります。

自分の頭で考える力の中核と目される前頭連合野は、おおむね8～12歳くらいでいったん完成を迎えますが、その後もゆっくりと成長を続け、24、5歳でも発達を続けます。

しかも最近の研究では、**60歳を過ぎてもちゃんと鍛えれば、なお発達すること**
が報告されています。

ですから、親御さんから、

「子どもの頭のよさは、生まれつき決まっているものなのでしょうか?」

と聞かれたときには、

「そうではありません。お子さんの考える力はこれからいくらでも伸びます。

親御さんの考える力だって、まだまだ伸びますよ」

とお答えしています。

本書の構成

この本は、子どもの脳活動研究から、あるいは臨床心理的な体験から、子どもの「ワーキングメモリの力」と「やる気」の2つを伸ばす方法を提案するものです。

第1、2章は、その理論、第3章以降は、それに基づいた実践編という構成になっています。

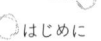

第1章では、「頭のよさ」の1つめの要素である「ワーキングメモリ」の特性とその伸ばし方について、実際にワーキングメモリのはたらきを体感できるエクササイズを交えながらお話ししていきます。

第2章では、2つめの要素の「やる気」をどのように育てていけばいいか、そのための目的や目標の設定のしかたについて考えていきます。

第3章では、幼児期の子どもの知能を育てようというときに、実際にどのような知育教材を与えて、どんなあそびをさせればいいのか、おすすめをご紹介します。

第4章では、第3章では紹介できなかったあそび・学習面以外において、親御さんが気をつけるべき日常生活上の注意点についてお話しします。


ではさっそく、はじめていきましょう。

もくじ

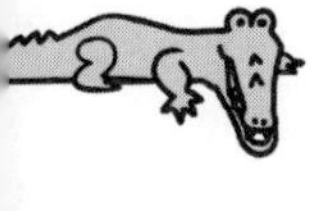

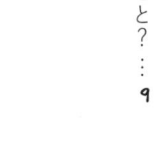

第1章 ワーキングメモリ《作業記憶》を鍛える

第2章 やる気の基礎をつくる

第3章 子どもの知能を伸ばす8つのあそび

第4章 頭がいい子を育てる5つの習慣

第1章

ワーキングメモリ《作業記憶》を鍛える

「はじめに」でお話ししたように、この本では、「頭がいい」かどうかは「ワーキングメモリ（作業記憶）の力」＋「やる気」が左右すると考えます。

第1章では、このうち、「ワーキングメモリ」の特性とその伸ばし方について、実際にはたらきを体感できるエクササイズを交えてお話ししていきます。いわば、「理論編その1」です。

この章で、脳の特性について理解しておくと、本論についても理解が深まり、子どもにより効果的に学ばせることが可能になりますが、とにかく早く実践方法を知りたいという方は、ここは読み飛ばしていただいてもかまいません。

1 ワーキングメモリってなに？

まず、「ワーキングメモリ」は、脳のどの部分に関係するか、という話からはじめていきます。

結論から言えば、前頭葉の「前頭前野」のはたらきが強く関係すると考えられます。

前頭葉というのは、大脳表面の１つの領域で、頭の前のほう、おでこのあたりに位置します。

このうちの前頭前野が、この本で言う「頭のよさ」を決める「ワーキングメモリ」に深くかかわっている部分なのです。

ちょっとおでこを触ってみてください。犬や猫を飼っている方ならすぐわかると思いますが、どんな大型犬でもこんなに大きくはないですね。サルでようやくこの3分の1。

ヒトになってから特に巨大化したのがこの前頭葉です。そのなかでも、特に大きくなったのが前頭前野です。

なので、いわゆる「人らしさ」には、ここがかかわると考えられています。

ワーキングメモリは、「脳のメモ帳」

さて、先ほどからなにげなく出てきている「ワーキングメモリ（作業記憶）」

という言葉、もしかするとみなさんがはじめて目にした言葉かもしれませんから、どういうものかお話ししていきます。

難しく言えば、「作業のための記憶。何らかの知的な作業をするために、外部からの情報や記憶を一時的に記憶すること」。

たとえると、**記憶や情報を「脳のメモ帳」に一時的に貼りつけ、何かの作業をする**――そんなイメージです。

漢字や英単語のように、長く覚えておかなければいけないわけではなく、作業が終わったら消えてもいい記憶のことです。

この力が、考える力や段取り力の基礎だというわけです。

・玉ねぎをかう
・A子にメールする
・美容院の予約

場所でいうと、みなさんのこめかみの、2、3センチ上のあたり。まあ、そのあたりが、物事を考える力の中枢だと思ってください。

あ、だからといって、そこをぐりぐりしても、別に賢くはなりませんよ。

そういえば、アニメの「一休さん」はぐりぐりしていましたが、一休さんがぐりぐりしているあたりは、もう少し上側で、前頭眼野という眼球のコントロールにかかわるところです。ここは集中力にかかわったりもしますので、一休さんは一部正しいんですけどね。

ちょっと脱線しました。

あとでみなさんにも体験していただくのですが、脳のメモを複数枚使う作業をするためには、一方のメモリ（記憶）を弱めることが必要になります。つまり、脳のメモを複数枚使う力をつけるには、頭のはたらきを一部「止める力」も必須になってきます。

前頭葉はゆっくり発達する

前頭葉は、他の脳部位と比べて、比較的ゆっくりと育つことがわかっています。

次のイラストは、アメリカのUCLAでポール・トンプソン博士らが報告したものをもとにしたものです。

子どもが5歳のときから20歳のときまで、MRI（核磁気共鳴画像法）で脳を調べ、その変化を示しています。

Aが5歳、Bが12、3歳、Cが20歳ごろになります。この図では、おとなの脳に近づいてくると、色が黒っぽくなっていきます。

前頭葉の発達のスピードは遅い

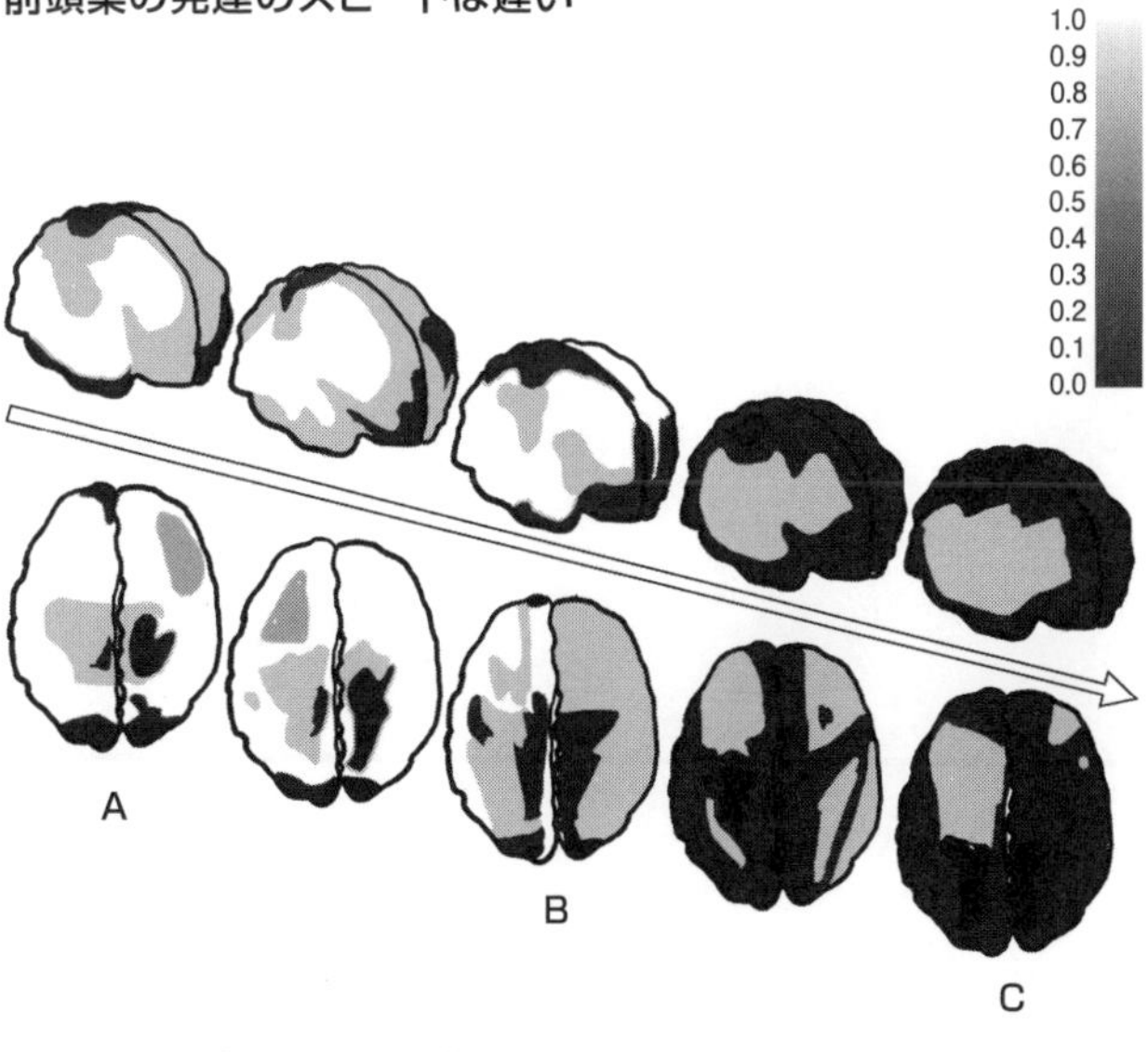

色が濃い部分ほど成長の度合いが高い。

そうすると、いまお話ししようとしている**前頭葉（下段の脳の上部）のあたりは、ほかの脳の部位に比べて随分ゆっくりと成長していく**ことがわかります。

前頭葉は、8歳から12、3歳ぐらいでいったん完成を迎えて、その後ゆっくりと成長が続いていきます。

おおむね24、5歳で成長が止まるといわれていますが、60歳になっても伸びる人は伸びます（余談ですが、前頭葉は、早めに成長してしまうより、やや遅れて成長するほうが、ＩＱなどが高まることが知られています）。

特に記憶にかかわる部位（側頭連合野）は、小学校中学年くらいから高校生くらいにかけて発達が続きますから、中学受験や高校受験の時期は記憶を詰め込むのには向いた時期と言えば、向いた時期になります。

頭頂連合野のうち、読字や比喩の理解にかかわる部位（角回）は、幼児期から小学校低学年くらいまでで特に発達します。

ここは、読み聞かせで想像が膨らんでくると活動が増すところなので、そういう意味でも、**幼児期の読み聞かせは大切だと言えます**（第3章参照）。

実際、最近、双方向の読み聞かせが幼児の知能を高めることが報告されています。

考える力の成長には、臨界期がない！

前頭葉だけではなく連合野はすべてそうですが、ゆっくりと育つ部位ほど、遺伝的な影響よりも環境的な影響を強く受けます。

たとえば、頭の後ろにある視覚野は、早く使えるようにならないと成長上問題があるので、遺伝プログラムに沿って早くできあがります。1歳前にはほぼ完成します（29ページのAでも、下段の脳の下部はすでに黒くなっています）。

だから、それまでの間に右の目、左の目からちゃんとした光信号が入ってこないと、視覚野がきちんと育たない。生まれてすぐの子どもに眼帯をさせなくなったのも、そのためです。

臨界期とか感受性期という言葉をお聞きになったことがあると思います（「その時期がもっとももその機能が育ちやすい時期」「その時期を逃すとなかなか成長しない」といった意味です）が、その例としてしばしば引用されるのが、この視覚野です。

その点、ゆっくり育つ前頭葉は感受性期が長い。というより、うっかりすると一生が感受性期と言えなくもありません。

だから、**考える力の成長については、「この時期を逃すとたいへん！」ということはありませんのでご安心ください。**

ワーキングメモリは、年齢とともにばらつきが

前頭葉はゆっくり成長するという話をしましたが、**ワーキングメモリの力は、年齢とともに変化します。**

長野県茅野市で、小学1年生から80歳ぐらいまでの１３００人を対象にワーキングメモリテスト（脳トレ的なテスト）をやってもらったことがあります。子どもの結果を見ますと、学年が上がるにつれて成績がよくなっています。この点は、ワーキングメモリが年齢とともに発達するという特徴を示しています。

しかし、20、30、40、50、60、70、80歳になっていくと、残念ながら、成績が落ちていきます。

60、80歳の集団を見ると、20歳の平均と変わらないあたりでずっと居残っている方もいらっしゃる一方で、多少早めに成績が落ちてしまう方もいらっしゃいます。

つまり、ここで重要なのは、年を重ねるにつれて、平均が落ちるのと同時に散らばりも増えているということです。

最近、同窓会に行くと、なんかこう、見た目が散らばってきて、「え、あの人、こんなになっちゃったの?」ってことはありませんか?

これは次のコラムで説明するように、いつもちゃんと頭や体を使っているかどうかや、人とかかわっているかどうかも関係しているのです。

お母さんのための脳の話 1

「知性」は、年をとればとるほどよくなる

いわゆる前頭葉機能テストの結果を見ると、25歳くらいがピークで、その後、徐々に低下していきます。低下するとともに、同年齢間の散らばりが大きくなっていきます。60～70歳でも20代の平均と変わらない人もいれば、相当に低下する人もいるというお話をしました。

その違いの多くは、日常生活で説明できるらしいことがわかってきました。

つまり、**日常的に頭を使っている人、身体を動かしている人、人とかかわっている人が落ちにくい傾向にある**のです。場合によっては、向上さえします。

そういうわけで、いま中高年の方の間で、「脳トレ」が見直されています。

しかし、こういう話をすると、脳は年をとるとだめになる一方だ、と思いがちです。たしかに、前頭葉機能などは年とともに落ちていく側面があります。

その一方で、むしろ、年をとるにつれて伸びる「知性」というものがあります。「結晶性知能」「クリスタル・インテリジェンス」とも言います。つまり知恵、知識、経験です。

当たり前の話ですが、10代よりは20代のほうが知恵や知識や経験が多くなります。30代よりは40代、40代よりは50代、50代よりは70代、80代、100歳代……。

もちろん、知識を格納したり取り出したりするスピード、知識を組み合わせる力、つまりワーキングメモリの力は、多くは前頭葉に依存しますから、年齢とともに落ちてくるということはあるでしょう。

しかし、総体としての知恵や知識や経験は、やはり年とともに増えてくると考えるべきです。

だから、脳を若返らせようとか、ボケない脳をつくろうとか、そういう話は、20歳の脳に戻ろうということではないのです。それは大間違い。

みなさんがいきなり20歳の脳に戻ったとすると、それは、20歳からいままで積み重ねてきた知恵や知識や経験をゼロにする、ということと変わらないですから。

「直感にかかわる線条体は年をとるほど太る」「年長者の直感は信じるべし」などという話も出てきています。脳は年をとるほどよくなる——そういう側面が強くあることは心に留めておいてください。

「年をとると記憶力が落ちる」と教えられると、教えられていない人よりも記憶テストの成績が悪くなるとの報告もありますから。

2 ワーキングメモリのはたらきを実感する

ここまで前頭葉のはたらき方についてご説明してきましたが、理屈をずっと重ねていってもわかりにくいですよね。

では、ワーキングメモリのはたらきを「実感」していただきましょう。前頭葉の機能に関するテストをいくつかご紹介します。

まずは、簡単なテストです

まず、口絵のテストをやってみてください（これは「ストループテスト」という名前で、もともと心理テストとして使われていたもので、15年ぐらい前からは前頭葉機能テストとしても使われています）。

いかがでしたか？

時間をかければ正解は出てきますが、一般的に反応スピードは年とともに遅くなっていきます。

実は、このテストができたか、できなかったかは、どちらでもかまいません。ここでみなさんにご紹介したのは、前頭葉のはたらき方を直感的に理解していただくためですから。

では、ちょっと、いまのテストをしているときを振り返ってみてください。
文字の「色で答える」というルールを頭の中に置いておいて、つまりは脳に「色で答える」とメモをして、それから、「文字」という、つい読みたくなる情報を抑制して、「色」を読んだ。

脳にメモをして、よけいな情報を抑制して、答えを出す。

これが、このテストにおけるワーキングメモリのはたらきです。
実際、このテスト中の脳の活動を調べると、前頭葉の外側部とそれからやる気や意欲、気持ちの切り替えに関係する内側部が活動することがわかっています。

子どものワーキングメモリの状態を想像する

33ページで、ワーキングメモリの力は、年齢とともにばらつきが生まれるというお話をしました。

この散らばりの傾向は、特に脳のメモ帳を多重に使うテストでは大きくなります。

では、「脳のメモを多重に使う」とはどういうことか、体験していただきましょう。

これから4つの数字を出します。

その後で、妙な（？）知的作業をしていただいて、また数字を思い出していただきますから、しっかり覚えておいてくださいね。

「3、5、2、6」

覚えましたか？　覚えたら、ページをめくってください。

では、上の図を見てください。

「丸は三角の向かって左にない」。

この文章は合っているか間違っているか、声に出して答えてください。

はい、では問題です。

さっき覚えてもらった数字は何でしたか?

声に出して答えてください。

このテストも、できたかどうかはどちらでもかまいませんが、「脳のメモ帳を多重に使う」ということの意味がわかりましたか？

＊

人によってやり方が違うと思いますが、たとえば、まず「3、5、2、6」というメモを1枚貼ったあとに、「三角、丸」というとき、別のメモを使って考えるということをやったはずです。

少なくとも、複数の脳内メモが作動しているということは、直感的に理解していただけたと思います。

こういう体験をしていただくと、たとえば子どもが「69＋74」というくり上がりの計算ができるようになるのも、結局、ワーキングメモリが発達していくからできるのだ、ということも理解していただけるのではないでしょうか。

「9＋4で13、1くり上がって……」。このように、横に先生がいて説明してくれてできる場合は、ワーキングメモリなどほとんど使わなくてすみます。

しかし自力でやるとなると、脳のメモの力、つまりワーキングメモリの力が必要になります。

これは1つの例ですが、学校のカリキュラムというものは、子どものワーキングメモリを育てるように、実によくできているのです。

また、こういう実験をしていただくと、計算もやりっぱなしにするのではなくて、それこそ目でもつぶってやり直すことの必要性もおわかりいただけたと思います。実際、直後にワーキングメモリを使うと記憶に残りやすいことも知られています。

ここでみなさんに身につけていただきたいのは、自分のワーキングメモリのはたらきを知るだけではなく、**「子どものワーキングメモリのはたらき方を想像する力」**です。

算数だけではなく、ほかの教科でもワーキングメモリの成長が見えます。

たとえば国語で文章を読むとき、前に書いてあったことが脳にメモされていなければ、ちゃんと意味をとって文章を読めるはずがありません。

「あれ」「これ」「それ」が何を指しているか、という指示代名詞の問題も、その周辺に書かれていることをメモ帳に置きながら答えをサーチできなければ、正しく解答できません。

理科でも、社会でも、工作でも、体育でも、休み時間でも、給食の時間でも、実はワーキングメモリが鍛えられています。
歴史上、もっともすぐれたワーキングメモリのトレーニングシステムは、実は学校教育システムなのです。

それから、いまのようなテストをしていただくと、ワーキングメモリの力が落ちてくれば、たとえば仕事やお友だちとの約束が3つ、4つと重なってくると、最初の1つがきれいに飛んでしまう理由もたぶん理解できますよね。
あるいは、図書館に何かの資料を探しに足を踏み入れて、貼ってあったポスターなんかを見ているうちに、何を探しに来たのかわからなくなってしまうわけも、直感的におわかりいただけると思います。

つまり、**私たち大人にとって重要なのは、いかにしてワーキングメモリの力を低下させないか、子どもたちにとって重要なのは、いかにしてワーキングメモリ**

の力を伸ばすのか、なのです。

もう一つ、記憶テストです

ではもう1つ、テストをやってみましょう。

これも、先ほどと同じような問題です。


今度は、次の言葉を覚えてください。

「つくえ、ゆり、こおり、まぶた」

覚えたら、ページをめくってください。

次に、妙な知的作業です。
「富士の山」を、逆から言ってください。
さて、先ほど覚えてもらった言葉は何でしたか？
声に出して答えてください。

＊

この問題も、できたかどうかは重要ではありません。念押しのようですが、脳のメモ帳を複数枚使うとはどういうことか、もう実感できましたね。

4つの言葉を覚えるのは、数字だけ覚えるより大変だということもわかっていただけたでしょう。

あるいは、「富士の山」という言葉を逆から言うためには、頭の中でひらがなに変換するという作業もやらなくてはいけない、ということも。

それから、脳にメモするにしても、画像にしてメモする人もいれば、音のループでメモする人もいるかもしれません（実はワーキングメモリには、視空間メモパッドと音韻ループという2つのバッファ〔記憶装置〕があります）。

目の記憶と耳の記憶。これをうまく組み合わせることが、ワーキングメモリをはたらきやすくさせることにつながります。

実は、よいノートなどはその役割を果たしています。

ワーキングメモリはコミュニケーションにも必要

このワーキングメモリは、物事を覚えるときだけではなく、他者とコミュニケーションをとる際にも重要なはたらきをします。

ワーキングメモリの力が落ちてくると、人の気持ちと自分の気持ちを並行的に処理する作業がきつくなってくるので、わがままというか、自己チュー、自己愛といわれる状態になりやすくなります。

人の気持ちを酌むこと自体が大変になって、引きこもりがちになったりもします（先ほど、ワーキングメモリの力は、年とともに落ちてくるとお話ししましたが、そのほかにも、大きなストレスを受けたり、うつ的状態になったりすると落ちるということもわかっています）。

ほかにもワーキングメモリには、ある事柄がいま自分のメモリに入っているかどうかをチェックする機能もあります。

その力が落ちてくると、同じ考えが浮かびがちになる。つまり、自分としては新しい考えが浮かんだと思って話しているのに、まわりからすると、「お母さん、また同じ話してますよ」という場面が増えてくるのです。

このことは、知的活動だけではなく、情動の側面でも起こります。「いやだなぁ」という気持ちがなかなか抜けないとか、子どもたちの間ではよくある話ですが、ワサワサした気分でなかなか落ち着かず、授業と休み時間の切り替えがしにくいということも起きてくるのです。

3 ワーキングメモリを鍛える方法

これまでのテストをしているとき、みなさんの頭に近赤外線を使って脳活動を調べる装置をつけると、特に前頭葉が活動していることがわかります。

ほかにも、前頭葉を活性化し、ワーキングメモリを鍛える方法があります。いくつか見ていきましょう。

できないことをやるのが脳トレ

簡単な脳トレでもワーキングメモリを鍛えることができます。

たとえば、4ケタの数字を適当に思い浮かべてください。

（ただし、1、2、3、4とか、7、7、7、7はだめです。

ちょっといやな話ですが、前頭葉に障害があるとバラバラな数字を思い浮かべにくくなります。つまり、1、2、3、4や4、3、2、1のような、規則的なものしか出てこなくなる傾向があります。

ですから、バラバラな数字を思い浮かべるだけでも、実は一種のトレーニングになるのです。）

はい、では、それを逆から言ってみてください。

＊

しつこいようですが、これがワーキングメモリです。脳にちょっとメモして、作業をする、逆から読む。作業のために記憶する、ということでしたね。

これだけワーキングメモリ体験を重ねると、「あ、いま『脳のメモ』を使ってるな」という感じが直感的に理解できるようになったのではないでしょうか。

子どもたちが学習しているときは、さかんにこのワーキングメモリを使っています。

学習だけではありません。「ここでは静かにしていなさい」というしつけも、そのことを脳にメモしておいて、騒ぎたくなる気持ちを抑え、すべきことに頭を使うわけなので、ワーキングメモリの立派なトレーニングになるのです。

ここで気をつけておきたいことを少しだけお話しします。

この手のテストをしていただくと、4ケタの数字を覚えるよりは、5ケタ覚えられるほうが優秀とか、5ケタよりも7ケタできるほうがすごいと、つい思いがちではないでしょうか。

その考え方も間違いではないですが、教育やトレーニングを考える際には注意が必要です。

たとえば、この手のテストでは、なかには10ケタ楽勝という人もいます。そういう人の頭に脳のはたらきを調べる装置をつけてみると、6ケタぐらい超えないと脳が活性化してきません。

逆に、いまの4ケタでも大変だった人は、あっという間に活性化できます。

つまり、**できないことをやるのが脳トレ**なのです。

私たちはつい、子どもたちにできるようになることを求めます。

それはそれで間違いではないのですが、実は、**子どもたちができないであがいているときのほうが、前頭葉は活性化する、子どもが育つ瞬間なのです。**

このことを、ぜひ心に留めておいてください。

ポイントは、ちょうどいいレベルをいかに設定するか

このことは、子どもたちにどういうレベルの問題を与えればいいかということに通じる話です。

本人にとって、「きついが、がんばればできる」というラインをいかに設定するのかが、考える力を鍛えるポイントです。

ということは、ほかの子と比較するのは、まったく無意味な話、ということになります。

やたらできる子にとっては、４ケタの数字なんて覚えても、前頭葉のトレーニングにはならない。４ケタが楽勝なら、今度は５ケタでやらないと意味がないし、その次は７ケタでやらないといけない。

逆に、4ケタできついようなら3ケタでいいし、3ケタでもきついなら2ケタでもいい。場合によっては、1ケタでもいい。

実際、「8」という数字だけでも覚えるのがきつかったら、その子にとって、それはそれでトレーニングになるということです。

くり返しますが、何ケタできるかというのを人と比べても無意味です。

その子にとって、適度な課題を設定することだけを考えてあげてください。

記憶の呼び出しを鍛える

では、次の問題にいきましょう。

「か」のつく言葉を３つ思い出してください。
はい、これは楽勝ですね。
では、「か」で終わる言葉を３つ思い出してください。

＊

こうした**記憶の呼び出しも、ワーキングメモリの機能の一つ**です。

たとえば、みなさんが子どもたちに漢字を教えて書けるようにさせるのも、まさにワーキングメモリのトレーニングになります。

昔は、手紙を書こうとすると、漢字を思い出さないと書けないので、書くだけでも自然とトレーニングになっていました。いまのようにワープロソフトで書いてしまうとトレーニングにならないというのは、私もまったくそのとおりだと思います。

同じように、電卓で計算できれば暗算でできなくてもいいという説もありましたが、これでは脳のトレーニングとしての側面が失われてしまいます。

話を広げましょう。いまのこのサービス社会というのは、みなさん自身の前頭葉はあまり使わないで、ほかの人が代わりにそれをやってくれる、あるいはシステムがサービスとして代行するという社会です。

それ自体は、決して悪い話ではありません。しかし、サービス社会にいると、自分の前頭葉を刺激する機会がやはり失われがちになります。

したがって、これまた当たり前のことになりますが、自力で何かをしたり、あるいはちょっと昔っぽいことをするなどして、意識して脳を使うようにしないと脳は活性化しません。

逆に、子どもたちに昔っぽいことをやらせるだけで、脳のいいトレーニングになるとも言えます。

体を使っても、ワーキングメモリは鍛えられる！

体を使ってワーキングメモリを刺激することもできます。

わりといろいろなところで紹介されていますので、ひょっとしたらご存じの方もいらっしゃるかもしれませんが、ちょっとやってみましょう。

ご主人、あるいはお子さんやお友だちと二人組で、ジャンケンしてください。

そのとき、必ず相手に勝ってください。もちろん超能力テストではないですから、相手の出した手を見て、後出しで勝ってください。

できるようになったら、今度は必ず負けてください。

＊

くり返しますが、このようなゲームが最初から簡単にできるようでしたら、たいしたトレーニングにはなりません。

しかし、うまくできない、けっこう冷や汗ものだ、という人の脳活動を調べてみると、すごく前頭葉が活性化していることがわかります。

もう一度言いますが、**できないことをやるのが脳トレーニング**、です。

では、もう1つやってみましょう。

私が「鼻耳チェンジ」と呼んでいるものです。


右手で鼻をつまんでください。左手は右耳にかぶせてください。

相手が「チェンジ」と言ったら、左手で鼻をつまみ、右手を左耳にかぶせてください。

入れ替えようとするだけで鼻の場所が変わる方もいるようですが（笑）、みなさんはどうでしょうか。

できるようでしたら、ちょっと難しくしてみましょう。
相手が「チェンジ」と言ったら、今度は1拍たたいて手を入れ替えてください。

「んっ？　こう？？」と言いながらするのが脳トレ。楽勝なようなら、トレーニングにはなりません。

私の実験では、80代の方でも1日3、4回、3、4日間練習すると、1拍から5拍まで増やしていっても、100％できるようになります。

ですから、いまちょっと引っかかった方は、家でこっそり練習すれば、それなりに脳トレにはなります。

それで十分できるようになったら、お友だちでもつかまえて、「なんか変なヒゲの人（私のことです）が、これトレーニングとか言ってたんだけど、楽勝じゃん、ねぇ」とかって、ヒョイヒョイとやってみせてください。

人のやるところを見るとできそうですが、実際やってみると「！？」みたいになります。相手が変なところをつまんでいたら、「そこは鼻じゃないよ」と言うと、ちょっとおもしろいかもしれませんよ（笑）。

脳はほめると育つ!?

こう言うと、「人と比べてもしかたがない、自分にとって適切な課題設定だけが重要だ」ということと矛盾するようですね。

でも、人の脳は悲しい性を持っています。どういう性かというと、自分ができて、人ができないと、すごくうれしい。

うれしいだけなら、「下品な脳だね」ですむのですが、このとき、脳の奥の腹側被蓋から前頭葉に向かうドーパミン(神経伝達物質の一種)神経系がやたらと活性化します。

活性化するだけなら、これまたどうでもいい話なのですが、この神経系がはたらくと、前頭葉のはたらきも促進されるし、海馬で脳を育てる物質と連動して、記憶の定着も促すのです。

だから、人に勝ったときの優越感や、できたという達成感も、やはり脳を育てるうえでは重要、ということになります（「やる気」のメカニズムについては、第2章でくわしくお話しします）。

このドーパミン神経系は、ほめられても活動を増すことが知られているので、**子どもをほめることが大切ということは、脳科学的にも正しい**と言えます。

また、日常生活の中で、知らないうちに前頭葉が鍛えられていることもたくさんあります（くわしくは第4章でお話しします）。

さらに高い目標にチャレンジする

私たちの脳はすぐれものです。どのようなことにも、すばやく慣れていきます。

「鼻耳チェンジ」でも、3セット目には前頭葉が鎮静化していきます。

慣れるまでの間は、前頭葉がしゃしゃりでてきて補助的にはたらきますが、慣れてしまうと線条体や小脳など、無意識的・習慣的な脳が自動的に処理してくれるようになるのです。すると、前頭葉は鎮静化します。

前頭葉が活性化して、鎮静化していく――それが、私たちのすぐれものの脳がパフォーマンスを向上させていく道のりです。

しかし、一流を目指す人たちは、慣れきったパフォーマンスに対しても全力で立ち向かい、前頭葉を活性化させるらしいのです。

たとえば、その効果が最近見直されつつあるそろばんです。

以前、NHKの「生活ほっとモーニング」という番組の依頼で、フラッシュ暗算日本一の大学生の脳活動を調べました。慣れない人や、あまり上手でない人の場合、はじめは前頭葉（とりわけ46野や10野）が活性化しますが、うまくなってくると、これらの領野は鎮静化していきます。

しかし、フラッシュ暗算日本一の彼の場合では、彼にとって難なくできるレベルの計算であるにもかかわらず、前頭葉の活動を局所的に高めていたことがわかりました。

このあたりが、一流を目指す人と素人の違いなのかもしれませんね。

目標を共有する

この章の最後に申し上げておきたいのは、「**目標を共有する**」ということの重要さです。

こんな実験をしました。巨大液晶タッチパネルの各所に白丸が次々に表示され、すばやくそこにタッチするゲームを使い、その反応時間や位置の正確さから得点を出すというものです。

最初に、1分間のゲームを被験者に2回行ってもらい、そこで目標設定をします。たとえば、1回目が560点、2回目が580点だったとしたら、次回からの目標を600点とします。

その目標を目指してチャレンジするときに、それぞれの回で40秒たった時点で言葉がけをします。

600点が目標なら、「40秒時点では500点が目安になるよ」と言っておいて、その目安に足りない場合は「ゴール遠いよ」、満たしている場合は「ゴール近いよ」と言うのです。

実際の言葉がけは、そのときの得点とは無関係に、ランダムにふりわけて行いました。そして、それぞれのパターンでの脳活動を比較した結果、「ゴール遠いよ」という言葉がけのほうが前頭葉と、特に頭頂連合野が活性化することがわかりました。

おもしろいことに、あらかじめ目標の共有が行われたときだけ、この違いが出たのです。

つまり、自分を奮い立たせ、つねに全力を尽くすことがやはり必要だということとともに、**親子関係では、目標を共有することが大事なポイントになる**ということになります。

子育ても一種の脳トレ！

ラッキーなことに、この目標の共有は、みなさんにとっても脳トレになります。

たとえば、次のページの写真は、保育園の子どもとお母さんが、「ポピー」という幼児用教材をやっているときの実験風景です。

このときに、先ほども出てきた脳活動を調べる装置をつけると、二人とも前頭葉が活性化していることがわかります。

つまり、**子どもの学習を一生懸命見ているだけでも、親の脳が活性化する**のです。

子どもに学習させているときに、子どもの脳より親の脳のほうが、実ははるかに活性化していることも多々あります。

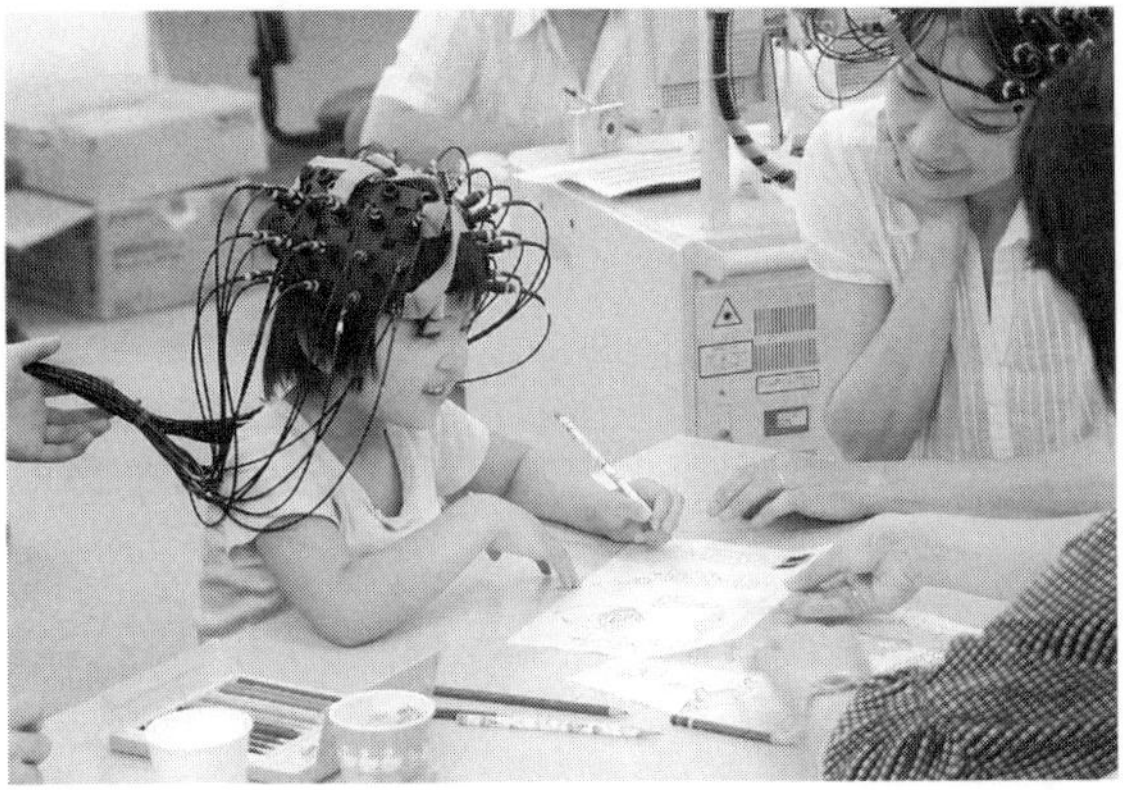

子育ては大変、つらい、と思ってしまうこともありますが、そのようなときは、「子育ても一種の脳トレ！」と考えればいかがでしょうか。

きっと、ポジティブな気持ちになれますよ！

第1章のポイント

1. 子どものワーキングメモリを想像する力をつける

2. 適切な課題設定と報酬を理解する

3. 目標を共有する

第2章

やる気の基礎をつくる

第1章のポイントは次のようなものでしたね。

❶子どものワーキングメモリを想像する力をつける

❷適切な課題設定と報酬を理解する

❸目標を共有する

これらについて、おもに前頭葉の活動から見ていきました。

第2章では、これらをもっと脳の奥、「やる気」や「意欲」に直結する部位（大脳基底核、特に線条体や側坐核）の活動から見ていきます。

「やる気」「意欲」は、自分で考える力を支える根っこのようなものです。

それをどのように育てていけばいいいか、
そのための目的や目標の設定のしかたについて考えていきます。

本題に入る前に、ちょっとした診断テストです。

ご自身の学生時代を思い出してください。

下にある学校の5教科リストで、

◉得意だった科目に◎

◉好きだった科目に☆

◉嫌いだった科目に×

をつけてください。

このテストで何がわかるかは、あとで説明しますのでお楽しみに！

□英語				
□国語	□現代文	□古典		
□数学	□代数	□幾何		
□理科	□化学	□物理	□生物	□地学
□社会	□歴史	□地理	□公民	

1 やる気のメカニズムとは？

まず、「やる気」「意欲」の基本構造から見ていきましょう。

やる気はどこから出てくるのか

「やる気」には、脳の奥にある「線条体」という部位がかかわっています。
この線条体のはたらきは、単純に言うと、

①非常に細かな動作コントロールをする
②動作や手順のプログラムを無意識下に保存する

ということだと考えられてきました。

このように無意識化した技にかかわる線条体が、どうして「やる気」に関係するのでしょうか。

実は、線条体の下側（腹側。「腹側線条体」「側坐核」と呼ばれます）は快感にかかわるところで、ここからのドーパミン放出量がおおむね「快」の大きさを決めています。

つまり、この線条体で**無意識的な行動や手順と、快感が結びつく**のです。

だから、くるくるペン回しをしているとなんだか心地よかったり、自転車に乗っているると爽快だったりするのです。

技ができあがっていくプロセスから見ていくと、たとえば自転車に乗るとき、どうしても失敗が重なります。たまにうまくいく、いい感じ。これが積み重なって、うまくいく確率が上がっていきます。その過程で、うまくいった動作や行動の手順には「いい感じ」というタグが貼られていきます。

再度チャレンジするときには、無意識的にですが、この「いい感じ」を頼りに、うまくいった動作や行動の手順が呼び起こされます。だから、いちいち考えなくても、「感じ」でうまくできるようになっていくのです。

やる気の正体とは？

知的な技についても同じことが言えます。

理化学研究所の田中啓治氏は、羽生名人、プロ棋士、アマチュアが「一局面を見て、次の一手を考える」ときの脳を調べてみました。「問題提示1分、答えも1分」のレベルだと、三者とも前頭葉が活発にはたらいたそうです。

しかし、「問題提示も答えも1秒」とすると、羽生名人の前頭葉は鎮静化し、線条体の一部、尾状核が活性化したそうです。

プロ棋士も同様でしたが、アマチュアは前頭葉が活性化していたことがわかりました（ちなみに、羽生名人の正解率は82％、プロ棋士の平均は62％）。

つまり、この実験でわかったのは、羽生名人もプロ棋士も、直感的に答えを出さなければいけないような状況では、線条体を使って答えを出しているということです。

おそらく、「いい感じ」のタグを使って、蓄積された経験を何らかの形で利用していると考えられます。

ということは、羽生名人とプロ棋士の正解率の差は、その経験の差、もっと言うと「いい感じ」「いやな感じ」のタグを貼った経験の蓄積こそ、直感の源なのではないか、となります。

そしてこれがまた、「やる気」の本体とも考えられるのです。

「やる気」とは、それをするといい感じ、と直感的に感じられること。直感的にそう思えなければ、それをしようとは思わないわけですから。

つまり、**ある動作や手順と快の結びつき、これこそ「やる気」の正体**なのです。

このことを裏づけるように、被験者がゲームをしているときに脳をスキャンして、やる気の度合いと脳の関連を調べた研究では、やる気と線条体のはたらきとが比較的きれいな相関を示すことがわかっています。

2 目標と目的を設定する

やる気の正体がわかったところで、ではどうすれば、子どもの「やる気」を育てることができるのでしょうか。

「ほめて待つ」のが基本

先ほどの話を踏まえれば、勉強にせよ、スポーツにせよ、音楽にせよ、**その行動にいかにして「快」のタグを貼るかがポイント**になります。

もっとも単純で強烈な方法は、ほめることです。ほめるとドーパミン神経が活動することが知られているので、勉強したらほめる、スポーツしたらほめる、ピアノを弾いたらほめる、とにかく望ましい何かをしたらほめる。

そのくり返しが、勉強すること、スポーツすること、ピアノを弾くことを快と感じる心を育て、内発的な動機を生み出していきます。

なので、

望ましいことをしたら、ほめる。
「やる気」を見せたら、ほめる。
「努力」したら、ほめる。

これが鉄則です。

しかし、ほめることは、あくまでも外発的な動機づけです。単純な課題なら外発的な動機づけでもOKですが、自分の頭で考えることを要求されるような複雑な課題では、外発的な動機だけでは、むしろパフォーマンスが落ちることが知られています。

ほめて、ほめて、ほめて、そのうち勉強の中で、スポーツの中で、音楽の中で達成感を得て、内発的な動機が育っていくのを待つ。

これが当たり前ですが、王道です。そのときのポイントは、「努力をほめること」です。

「〜したい」が続くようにするには？

臨床心理的な体験から言えば、人は、「〜しなければ」「〜すべきだ」という思いから行動を変えることはほとんどありません。

「今度こそダイエットしなければ！」と心に誓っても、なかなか成功できない、という経験をお持ちの方も多いのではないでしょうか。

というよりも、「〜しなさい」でそれをしはじめることができるなら、そもそもやる気を育てようなどとは思わなくてもいいわけです。

では、「〜したい」と内発的な動機が生まれてくれれば、人は行動を変えるのでしょうか。

「解決志向ブリーフセラピー」というカウンセリング技法を使ってすぐれた活動を展開している東大の森俊夫氏によれば、「**人が行動を変えるのは、具体的で実行可能な行動の形で未来が見えたときだ**」と言います。以下、引用します。

「～したい」、そんな気持ちを聞くと、明日から変わりそうに見えるけれど変わらない。

「～」の中身が具体的で実行可能でないと、なかなか変わらない。

「明日はきっと、～しているだろう」「この後、必ず～するに違いない」、と具体的で実行可能な行動の形でゴールが描けると、人は勝手に変わる。

ゴールを具体的に設定する

では、森氏の言う「具体的で実行可能な行動の形をしたゴール」とはどういうものでしょうか。

それは、

①評価可能な（できれば数字が入った）行動の形

②肯定形

になっているものです。

まず、**ゴール（目標）を設定するときに考えなければならないのは、ゴールにもよしあしがある**ということです。

たとえば、「勉強ができるようになりたい」「サッカーがうまくなりたい」「明るくなりたい」といった表現は、いずれ到達したい目的になるかもしれませんが、まず目指すべきゴールにはなりません。

それは、どういう状態になったら「勉強ができるようになった」「サッカーがうまくなった」「性格が明るくなった」と言えるのか、評価のしようがないからです。

はたから見て評価のしようがないということは、自分でもゴールに到達したのかどうかわかりにくいということです。

評価できなければ、「達成感」という報酬が得られず、ドーパミン神経も活性化しません。よって、やる気を育てることも難しくなります。

したがって、**ゴールは抽象的ではなく具体的に、評価可能な（できれば数的評**

価が可能な）　行動の形で記述されるほうが望ましいのです。

「勉強ができるようになりたい」では評価できませんが、「九九が言えるようになる」「問題集を○○ページまでやる」「机に座ったら、まず今日習った英単語を10回書く」であれば、できたのかできなかったのかが簡単に評価できます。

同じように、「性格が明るくなった」かどうかは評価できませんが、「朝、おはようと言う」「1日5回は笑う」「廊下は胸を張って歩く」であれば、したかしなかったのかがはっきり判定できます。

さらに言えば、肯定形で表現されているほうがいい。

たとえば、「テレビを見ない」という否定形のゴールは、あまりいいゴールではありません。いつまで見なかったら、「テレビを見ない」というゴールが達成されたのかわからないからです。

それよりは、「7~9時はテレビを見ない」のほうがゴールとしてはすぐれています。このように、否定形でゴールを記述する場合は、期限をきちんと定める必要があります。

しかし、やはりできれば肯定形のほうがいい。というのは、**肯定形で記述されるような行動のほうが、快のタグを貼りやすい**からです。

たとえば、「テレビのスイッチを入れそうになったら、机に向かう」であれば、できたかできなかったかすぐわかりますし、何度も達成感を味わうことができます。

親にとってもほめどころが増えます。行動と快のセットができやすいのです。

また、**ゴールがなかなか達成できないときに、達成可能な代案が浮かびやすくなる**のも利点の1つです。

「テレビのスイッチを入れそうになったら、机のほうを向く」が難しそうだと、「ほっぺをつねる」「『さて、勉強するぞ！』と言う」、といった具合です。

具体的なゴールが思い浮かばないときは

というわけで、ゴールを設定する場合は、具体的で評価可能な形が望ましく、それも「肯定形」で表すようにするといいでしょう。

では、具体的なゴールが浮かばないときは、どのようにすればいいのでしょうか。

「ゴールを設定する」とは、みなさんがお子さんに望むことを具体化するプロセスでもあります。

抽象的で評価しにくいゴールしか思い浮かばなかったら、**「じゃ、○○となったとしたら、具体的にどうなっているの？」**とご自身に問うてみることです。

たとえば、「子どもを賢くしたい」だったら、

「賢くなったとしたら、子どもの何が変わっているの？」

「それをもっと具体的に言うと？」

「もしそうなったとしたら？」


と、しつこく問い続けることです。

そうすることによって、具体的で実行可能で、さらに肯定形で表現されたゴールを手に入れることができます。

では、実際にやってみてください。

お子さんにどうなってほしいか、３つ書き出してください。

（　　）

（　　）

（　　）

それぞれをもっと具体化して、これから子どもがすぐにはじめられる課題にまで、かみ砕いてください。

（　　　　）

（　　　　）

（　　　　）

こういうことが、子どものやる気を育てるコツです。同時に、あなたの子育てへのやる気をくじけさせず、かつ意味あるものにするコツにもなります。

お子さんがすでに大きいようでしたら、こういう作業は親子でやるのが一番です。子どもがひとりでできるようになることが自立。もっと言えば、真の「頭のよさ」の獲得。難しい言葉で言うと、考える力を育てるメタ認知（認知していることを認知すること）の獲得です。

ビジョン共有の練習を

というわけで、いますぐは無理でも、お子さんが小学校高学年になったら、**週2回は親子でゴールセッティングをするのをおすすめします。**

会社ではあたりまえなPDCA（Plan-Do-Check-Action）サイクルのうち、Pをし、Cをする時間は、ムダのように見えて必須のものです。子ども単独で言えば、自分で自分の学習計画についてPDCAが回せるようでないと話になりません。

実際、**できる子は自分で計画を立てるのが好きですし、計画を修正する時間を確保している**ものです。

まずは、親子でその練習をしましょう。

最初は10分、週2回ではじめるのが適切です。その間のゴールを決め、チェックします。

ゴールについての話し合いは、みなさんがなんとなく思っている「目的」を本当に「目的」としていいかどうかの再点検にもなります。

3 年齢別 やる気を育てる方法

最後に、子どものやる気を育てる具体的な秘訣について、年齢別に見ていきましょう。

0～2歳　家族といっしょにいると楽しいと感じさせる

快感や楽しさを感じる、そのシステムの原型は、乳幼児期から2歳ぐらいまでの間にほぼできあがります。

この時期に必要なのは、人といっしょにいて楽しいということを感じさせることです。「高い高い」でも、身体あそびでも、ボールあそびでも、お母さんの楽しさとお子さんの楽しさが伝染しあうように、身体も同調させ、心も同調させましょう。

特にそれが苦手な子ほど、濃くやる必要があります。

もっと言うと、「うちの旦那は人づきあいが苦手だ」と思っている奥さまは、それこそ子どもに対して濃くやったほうがいい。

そのときに大事なのは、これは楽しいことなのだということを教えるというよりは、**もうとにかく親子いっしょになって、楽しんでしまうという心持ちで接することです。**伝わる感じが大事なのです。

２０００年くらいから、自閉症の療育方法として、ＲＤＩ（Relationship Development Intervention、対人関係発達指導法）が注目されています。

たとえば、お母さんと、どんぶらこ、どんぶらこみたいな遊びとか、そういうときに顔を見合わせて「ニコニコ」するとか。ミラーニューロン（他人の動作に対して、鏡のように同じ反応をする神経細胞）もはたらかせて、共感の根っこを育てるというものです。

特に自閉症の子は、そもそもそういう同調が苦手で、親も反応が悪いので、だんだんやらなくなります。だからこそ、あえて濃い目にやっていきましょうというのが、ＲＤＩの基本的な考え方の１つなのです。

人といる楽しさ、人とかかわる楽しさは、大人になっても必須です。

なので、まずは**１、２歳までに、お母さんといて楽しい、家族といて楽しいと**

いう感情を育てましょう。

脳で言えば、ミラーニューロンを育て、安心・安全にかかわるセロトニン神経系を育て、ドーパミン神経系を育てることになります。

3〜5歳　行動にラベルを貼りつける

3歳から5歳までの間は、意欲の原動力を育てることが大事です。特に育てたいのはドーパミン神経系です。

子どもが何かいいことをしたら、「すごいね」とほめてあげるようなことをこまめにやっていけば、その行動と快感を結びつけることができます。

頭ごなしに、ただ「やる気を出せ」と言っても、意味はありません。何かの行動をとったときに、「いいね」というラベル（タグ）を貼りつけてあげると、それがやる気につながるのです。

また、**3〜5歳ぐらいまでに、体をコントロールする体験を積んでおくことが、脳を育てるうえでも重要**です。第4章でくわしくお話ししますが、実は、体を動かすことは頭を鍛えるうえでもいいのです。

頭を使うこと、身体を動かすことが好きになるように、快感のタグを貼りつけてください。

この時期に**もう一つ重要なのは、他人と共存できるかどうか**ということです。

3、4歳というと、ちょうど保育園、幼稚園に入って集団生活がはじまるころです。

そのため、体を動かすのが楽しいとか、できるようになることが楽しいというのと同じように、人といることが楽しいとか、人の気持ちを考えるのが楽しいとか、人が喜ぶのが実は心地よいと感じることができるしかけをつくってあげなくてはなりません。

そこでよく例に出されるのが「心の理論」の話。他人は自分とは違う考え方をするということを理解する能力の話です。

有名な「サリーとアン課題」というものがあります。

①サリーとアンが、部屋でいっしょに遊んでいました。

②サリーはボールをかごの中に入れて、部屋を出て行きました。

③サリーがいない間に、アンはボールを別の箱の中に移しました。

④サリーが部屋に戻ってきました。

さて、サリーはボールを取り出そうと、最初にどこを探すでしょう？

正解は「かごの中」ですが、一般的には3歳から4歳ぐらいまでの間で、こういう問題ができるようになります。

つまり、相手の心を考えられるようになるのです。脳に相手用のメモを用意できるほどに、ワーキングメモリの力が伸びてくるとも言えます。

世の中、うまくできていて、こういう時期に保育園、幼稚園がはじまります。ちょうど集団の中に入るようになり、この力も伸びていくのです。

ポイントは、集団生活を送ること。そのためにも、待機児童問題は早く解決してもらいたいものです。

6歳以降　親の好きなことをやらせる

5歳より大きくなってきたら、それこそ知的な刺激が心地よさ、楽しさにつながるというふうにしていってもいいでしょう。

もうちょっと早い子もいますが、それはもう、その子の向きで決めればいいことです。

雑な言い方をすると、親が好きだったことは、だいたいその子も好きなことが少なくありません。だから、**親が好きだったことに関しては、早めに与えても特に問題はないでしょう。**

何が得意になるとか何が好きになるということも含めて、なんだかんだ言っても遺伝性は大きいということです。

子どもに無理なくやる気を発揮させようとするならば、その子の素質は親の素質に規定されていると考えて、親が好きだったことに限定したほうがいいかもしれませんね。

★診断テスト（77ページ）の結果

というわけで、冒頭でやっていただいたテストの診断結果です。

このテストでわかるのは、「お子さんに向いている教科・科目」です。

もうおわかりですね？

お子さんに向いている教科は、◎印（あなたが得意だった科目）ではなく、☆印（あなたが好きだった科目）です。

ぜひ、その教科を大事にしてあげてくださいね。

第2章のポイント

1 やる気の構造について理解する

2 目標と目的の設定のしかたを知る

第3章

子どもの知能を伸ばす8つのあそび

ここまで、頭のよさの基礎であるワーキングメモリとその鍛え方、そしてその力の根源となる「やる気」「意欲」の育て方についてお話ししてきました。以下がそのポイントでしたね。

・子どものワーキングメモリを想像する力をつける
・適切な課題設定と報酬を理解する
・目標を共有する
・やる気の構造について理解する
・目標と目的の設定のしかたを知る

ここからは、幼児期に子どもの知能を伸ばそうというときに、親は何をすればいいのかについてお話ししていきます。いわば「実践編」です。

1 おすすめのあそび（知育教材編）

ここからは、幼児期におすすめの知育教材をご紹介していきます。

この時期にもっとも必要なのは、「頭を使うことはおもしろい」と感じさせることです。

学んだり、頭を使うことと「快」をいかに結びつけるかが最重要課題になってきます。

逆に、学ぶのが苦しいとか、頭を使うことがいやだとか、そう感じるようなやり方で、いかにも学習的なものを与えてしまうと、頭を鍛えるどころではなくなってしまいます。

やる気にかかわる線条体は、無意識的な動作と快を結びつけます。その結びつきがないと、学習にやる気がわき出るはずがありません。

だから、**この時期の知育教材は「あそび」に見えるもの**。幼いほど「楽しさ」重視で選ぶべきです。

では、おすすめの知育教材を5つご紹介します。

①迷路

幼児期の子どもはみな迷路をやりたがります。この「やりたがる」ことが第一です。

迷路をやらせるメリットは、**指や鉛筆でなぞる動きが、文字を書くことの基礎につながっていく**ことです。

最初は指で、次に鉛筆でさせるといいでしょう。こういう微細な運動調整には、運動野や前運動野だけではなく、線条体、小脳などもかかわってきます。

小脳は運動だけにかかわると考えられてきましたが、計算をするときや、人の気持ちを感じ取るときに、実はサポーター的に動くことが知られています。なので、体の微細なコントロールをしっかりとやっておくことは、大きな意味を持つと考えていいでしょう。

十分に証拠だてられているわけではないですが、小さいころに音楽をやっていた子が学力的にも伸びるといわれている理由の1つは、このあたりにもありそうです。

また、音楽でもそうですが、迷路をやるときは先を読む必要があります。こっちに行ったらどうなるかということを、つねに考えなければなりません。

このように、**近いところを見るのと同時に先を読むことは、注意力の向上にもつながりますし、ワーキングメモリのトレーニングにもなる**のです。

注意を集中すると、眼球のコントロールにかかわるところ（前頭眼野）が活動します。生き物にとっての集中とは、つまるところ、視線をどうするか、どこをどう見るかなのです。

ちえ
➡から ★まで
こぶた → たぬき → きつね → ねこの
じゅんに すすみましょう。
シール
がつ
にち
記憶力・推理力
進む順番のルールを覚えておくことは、脳のワーキングメモリを使います。進み方は、しりとりになっています。難しいようでしたら「こぶた、たぬき、きつね、ねこ・・・」と声に出しながら進んでみましょう。
スタート
ゴール

出典：幼児ポピー「ポピっこあおどりドリるん」（以下同じ）（イラスト：上原連）

洞察力・推理力

ものごとを観察して分析する洞察力を鍛える問題です。複雑な迷路ですが、分岐点にあるどちらかのマークを選んで進むと迷わずに進むことができます。どのような決まり（形や色）でマークを選んでいけばいいのかを考えながら進みましょう。

シール

がつ にち

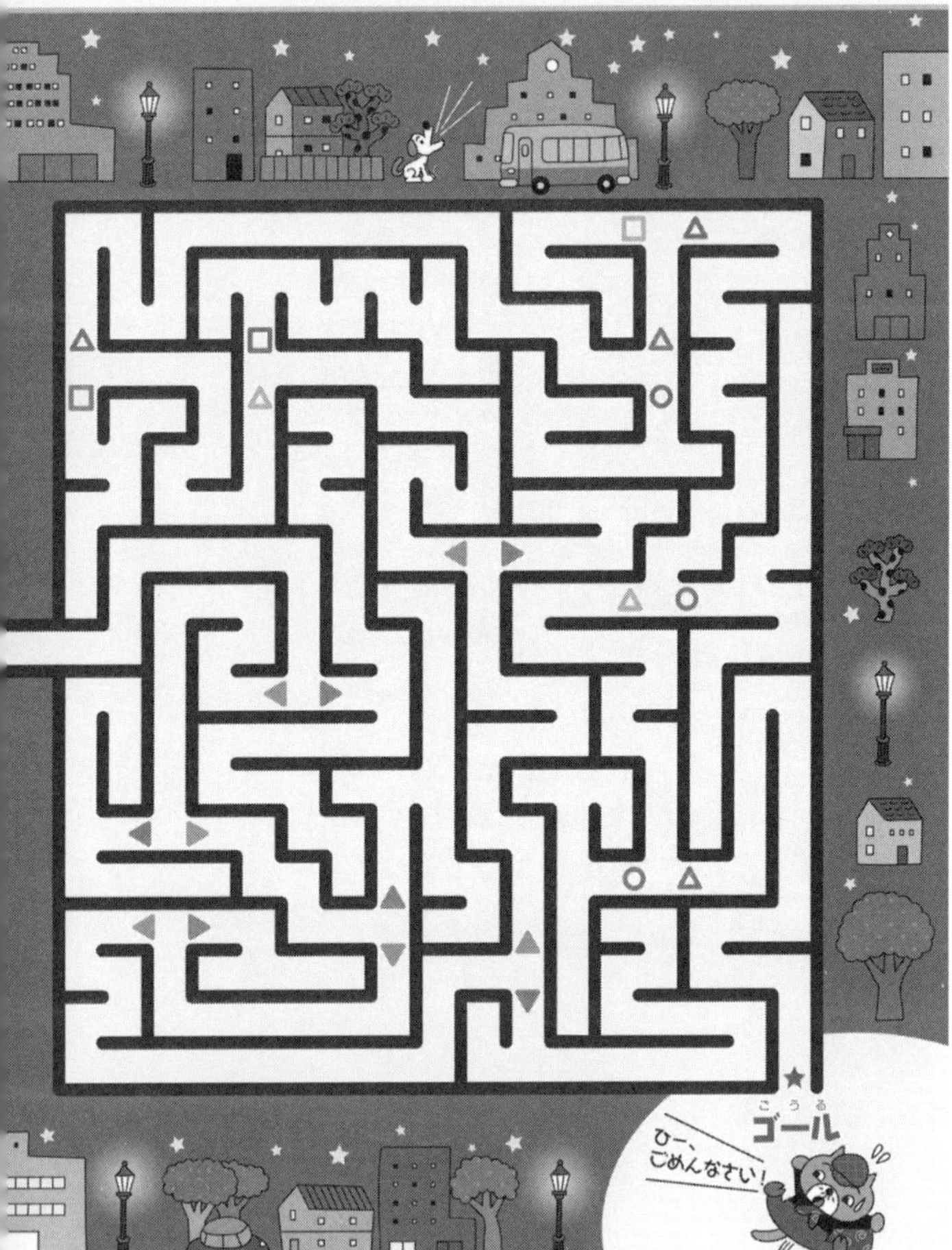

ちえ

どろぼうに にげられないように、
●から ★まで できるだけ はやく いきましょう。
マーク《まあく》の うえは とおる ことが できるよ。

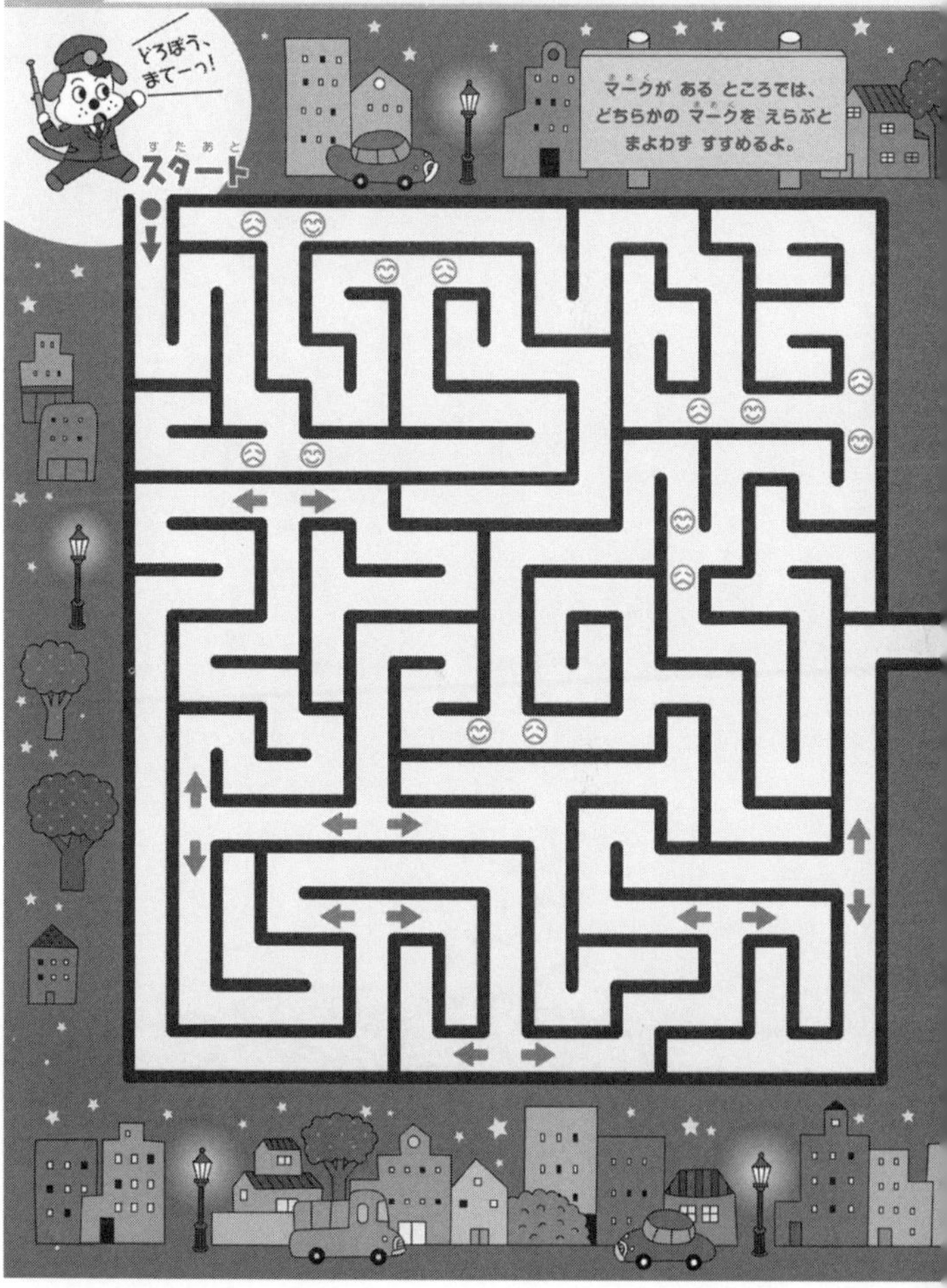
どろぼう、まてーっ!
スタート《すたあと》
マーク《まあく》が ある ところでは、
どちらかの マーク《まあく》を えらぶと
まよわず すすめるよ。

（イラスト：吉見礼司）

ぐっとどこかを集中して見るときには、眼野を中心に前頭葉が活動します。
全体を「引き」で見るように注意を払うときには、頭頂葉が活動します。
そのバランスと切り替えが注意力、集中力の源になります。

ただ、**なんにしても、まずは楽しく**、です。
無理やりさせる必要はありません。

②間違い探し

間違い探しでは、ぐっとどこかに集中する能動的注意と、引きで全体を見る受動的注意が必要です。そのときに鍛えられるのは、前頭葉、頭頂葉です。

また、間違い探しをやるときには、左の図を見てちょっと覚えて、右を見てどこが違うかを探さなければならないので、特に**画像的なワーキングメモリにかかわる部分が活動します。**

観察力・注意力

左と右の絵を見て、違うところを6つ見つけます。間違い探しは、観察力や注意力を高めるのに役立ちます。難しいようでしたら、部分ごとに見比べて確認していきましょう。

シール

がつ　にち

▼こっちの えに ○を つけてね。

ちえ

2《ふた》つの えを よく みて ちがう ところに ○を つけましょう。
6《むっ》つ さがしてね。

（イラスト：宮本えつよし）

観察力・注意力

左と右の絵を比べ、違うところを5つ見つけます。間違い探しは、観察力や注意力を高めるのに役立ちます。難しいようでしたら、部分ごとに見比べて確認していきましょう。

シール

がつ

にち

▼こっちの えに ○を つけてね。

ちえ

2《ふた》つの えを よく みて ちがう ところに
○を つけましょう。5《いつ》つ さがしてね。

（イラスト：宮本えつよし）

さらに、間違いが見つかると「アハ体験」状態になって、脳全体が活性化してきます。

アハ体験というのは、たとえば、なぞなぞの答えがわかったとたんに「あっ、なるほど！」となったり、だまし絵で急に顔が見えてきたときに、脳全体が活性化する体験のことです。

間違い探しで自分が答えを見つければ、それももちろん「アハ体験」になるし、人に教えてもらったり、答えを見たりしても「アハ体験」になります。

③積み木あそび

積み木も、幼少期にやるといいといわれているものの1つです。

積み木をやらせるときには、単純に重ねたりしてあそぶことのほかに、向こう側から見るとどう見えるかとか、こっちから見たらどうなるかという、**視点を変えるトレーニングをすると、空間認識力が高まります。**


それが何を意味しているかというと、体性感覚の側から世界を見る感覚をつくっておこうということです。

小学校の算数で出てくる展開図の問題で、この順に切ったらどうなるかというのは、極端な話、自分がそこに行って切ってみて、広げる感覚がないと、ああいったものは永久に理解できないからです。

これは、実は積分の根っこの感覚にも近いものです。

積分というものは、図形をスライスして、それを貼りあわせて足していくものです。それが、すごくリアルにわかるかどうかが、この感覚に近いのです。

だから、そういう感覚がつかめているかどうかが、けっこう大きいのです（こう言うと、文系・理系が決まるみたいな、なんか脅し文句のようになってしまいますが）。

④数字あそび

「数字あそび」にもいろいろあります。たとえば128、129ページは、数かぞえの問題。数をかぞえるということ自体、ワーキングメモリを使います。

たとえば、「ネコはいくつ?」と聞かれたときに、ネコを頭に置きながら勘定しないといけないし、同時にネコ以外は除外しないといけないということにもなります。

この分類という行為がまた、ワーキングメモリの訓練になるのです。

小学生でも、分類するのは大変なことです。しかし、こういう区分が頭の中できちんとできなければ、文章題で立式するときにつまずいてしまいます。

そういう意味で、**分類と数かぞえは算数の基本**なのです。

言葉の理解

ものの数え方の練習です。ものによって数字の後につく言葉（助数詞）が変わることに気づかせましょう。また、ここで取りあげた「匹・杯・人・本」は、数によって「ひき・びき・ぴき」などと言い方が変わることに注意してください。ものの数え方は日常生活の中で使う体験を増やして自然に覚えられるようにするとよいでしょう。

シール《しいる》

がつ　にち

サンタクロース は、
ひとり。
1
シール《しいる》 は、
ふたり。
2
シール《しいる》 は、
さんにん。
3
あかい ろうそく は、
いっぽん。
1
シール《しいる》 は、
にほん。
2
シール《しいる》 は、
さんぼん。
3

ことば

ねずみが かぞえて いる ものは なにかな?
えを みて シール に あう シール《しいる》を はりましょう。

くろねこ は、
いっぴき。
1
シール は、
にひき。
2
シール は、
さんびき。
3
オレンジジュース は、
いっぱい。
1
シール は、
にはい。
2
シール は、
さんばい。
3

（イラスト：たなかえみ）

数の理解

「10」の合成・分解の練習です。サンタと元に戻ったきつねの数を数えて数字に書きかえましょう。それぞれ「きつねは1ずつ増えていく」「サンタは1ずつ減っていく」ということに気づかせましょう。このような数の構成のおもしろさに気づくことで、数の感覚が豊かになります。

シール《しいる》

がつ

にち

きつねだったのは
ばれちゃった？
サンタクロース《さんたくろうす》は
5
ご

きつねだったのは
しようがないわね。
サンタクロース《さんたくろうす》は
4
し（よん）

きつねだったのは
わしもなんじゃ。
サンタクロース《さんたくろうす》は
3
さん

きつねだったのは
おもしろかった！
サンタクロース《さんたくろうす》は
2
に

きつねだったのは
すると？
わしがほんものじゃ！
サンタクロース《さんたくろうす》は
1
いち

かず

きつねが サンタクロース《さんたくろうす》に ばけて いたよ。
かずを かぞえて □に すうじを かきましょう。

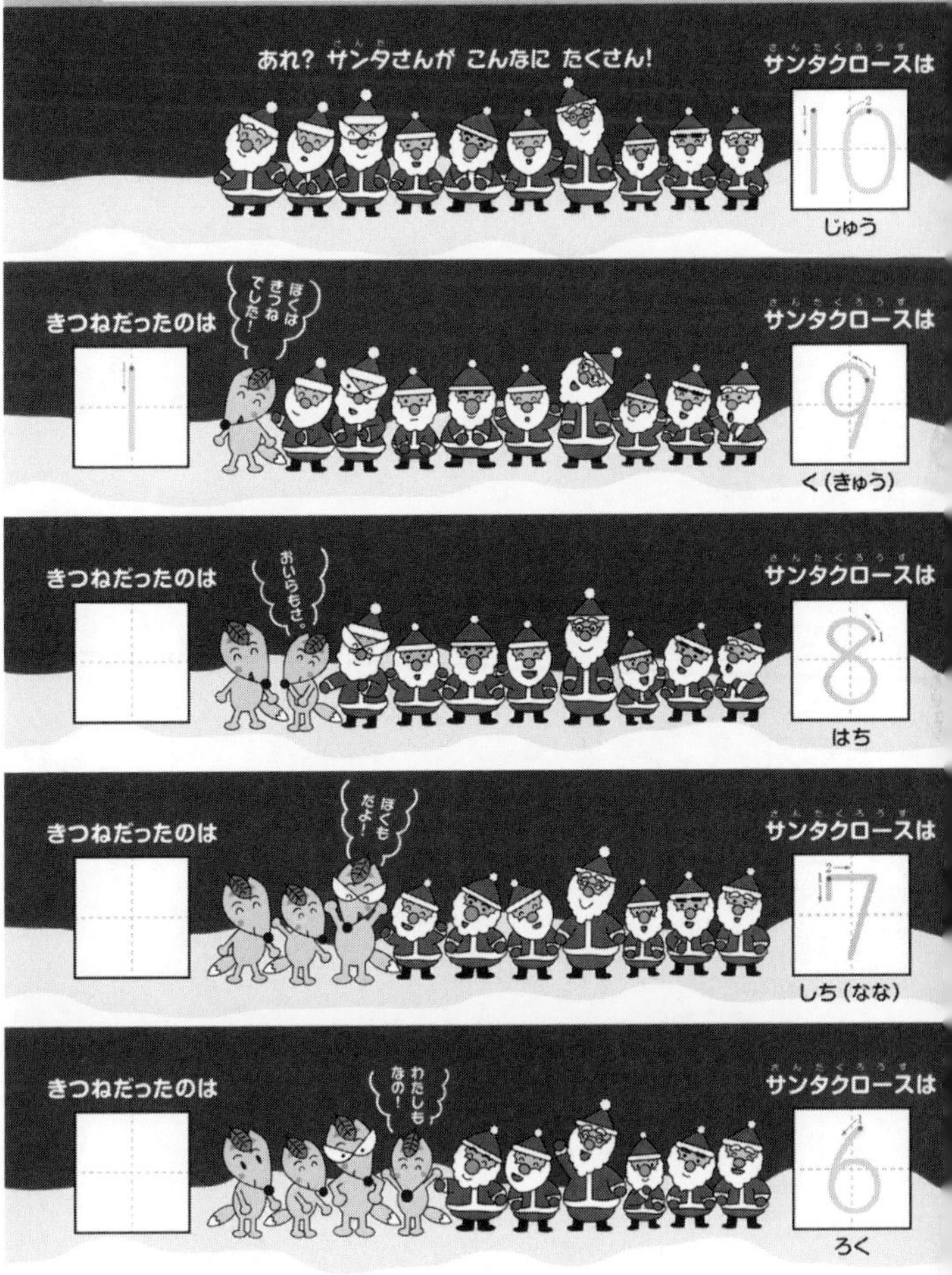
あれ？ サンタ《さんた》さんが こんなに たくさん！
サンタクロース《さんたくろうす》は
10
じゅう
きつねだったのは
ぼくは きつね でした！
1
サンタクロース《さんたくろうす》は
9
く（きゅう）
きつねだったのは
おいらもさ。
サンタクロース《さんたくろうす》は
8
はち
きつねだったのは
ぼくも だよ！
サンタクロース《さんたくろうす》は
7
しち（なな）
きつねだったのは
わたしも なの！
サンタクロース《さんたくろうす》は
6
ろく

（イラスト：吉見礼司）

数の理解

数の「多い・少ない」の学習です。数字どうしを比べることで、「数」とそれを表す記号である「数字」との対応がきちんとできているかを確認します。基準である「6」という数字を覚えておくことは、脳のワーキングメモリを使い

シール《しいる》

がつ

にち

かず
➡から ★まで いきましょう。
6《ろく》より おおきい かずの ところは とおれません。
6《ろく》より ちいさい かずの ところだけを とおってね。
6
スタート《すたあと》
2
1
7
9
5
7
3
4

（イラスト：宮本えつよし）

その第一歩として、とりあえず黒猫は1匹、逆に2匹いるのはどれだ？というふうに、逆に探索することをここではやっています。

それから、130、131のページは減数です。化けていって減っていく、つまり10からカウントダウンするのが引き算の基礎になります。

頭の中で10というまとまりがあって、減っていったらどうなるかということです。最初は指かぞえでもかまいませんが、10のまとまりを保持する感覚がないと引き算感覚は理解できません。

引き算には、ワーキングメモリが特に必要です。足し算でもそうですが、引き算では特に脳のメモ帳に数字を置くという感覚が必要になってきます。

それから、数字というものを書く、それを理解するときにも、読字や比喩の理解にかかわる部位（角回）の活動が必要になってきます（くわしくは31ページ）。
こういうことを楽しく、それがこの時期の基本です。

⑤文字あそび

文字の学習が脳トレーニングになるというのは自然なことです。文字というのは、私たち人間にとって特殊なものですから、文字を覚えるだけでも脳は活性化しやすいのです。

実際に脳活動を調べてみると、保育園の子どもの場合、ひらがなの学習でも、おとなで言えばややこしい漢字の学習をしているのと同じぐらいの活動をしていることがわかります。

また、ひらがなをちゃんと書くことではなく、**ひらがなを書くこと自体が脳のトレーニングになります。**

特に137ページの問題の場合は、ここから単語を引き出すということになっ

もじ
□に あう もじを まみむめも から
えらんで かきましょう。
かけたら ことばを よんで みましょう。
シール
がつ
にち
まみむめも
こう□り
□く
すず□
みの□し
ねず□
調整力・語彙力
今までに練習した文字の復習です。「ま」行の文字の中から選んで書きましょう。形のとりにくい文字も多いので、お手本を見ながらていねいに書きましょう。書けたら絵と言葉を確かめながら読んでみましょう。
（イラスト：鈴木えりん）

調整力・語彙力

□に自分で文字を書いて言葉を完成させます。たこに書いてある文字をお手本にして、ていねいに書きましょう。書けたら絵と言葉を確かめながら読んでみましょう。正しく書けたら、大いにほめて、自分で言葉を完成させた喜びを味わわせてあげてください。

シール

がつ にち

もじ

たこに かいて ある もじを くみあわせて、
したの ものの なまえを □に かきましょう。

（イラスト：宮本えつよし）

てきますから、記憶の引き出しに関係するワーキングメモリを刺激することにもなります。

くり返しますが、「ひらがなが書ける」ことが目的ではなく、**目的はあくまで楽しく**、です。

もちろん、書ける喜びは楽しさにつながります。それに、子どもは字を書くのが楽しいですから、そう気にすることはないのですが、目的は「楽しく」であって、「書けるように」ではないことは忘れないでください。「無理やり」はだめです。

知育教材を選ぶときのポイント

書店に行くと、たくさんの知育教材があふれかえっているのを目にします。その中から1冊買おうというとき、みなさんはどういうことに気をつけていますか？

①子どものワーキングメモリの状態を知っておく

まず大事なのは、自分の子どものワーキングメモリの状態を知っておかなければならないということです（45ページ参照）。それにぴったり合うのはどれか、また、**その子にとって早すぎたり遅すぎたりしないか**を見極めなければなりません。

また、子どものワーキングメモリを考慮して、それをステップアップさせていくような構成になっているか、教材の中に快が提供されるシステムが埋め込まれているのかを見極めましょう。子どもに合ったスモールステップになっているかどうかです。

楽しさがどれだけ担保されているかということも大事です。

しかし、**なによりの基本は子ども自身に選ばせること**。それが自己モニター力のトレーニングになります。

②やらされ感ではなく、自分でやっているという感覚を持たせる

成長につれて、やる気のつくり方は変わってきます。

小さい子のときは、**ほめるのが原則**です。こまめにほめると、その言葉がストレートに入りますから、それでOKです。

小学校高学年から中学生ぐらいになると、今度は**「やらされ感」をどのように消していくか**ということが、線条体の「やる気」の維持の点では重要になってきます。

特に、自我が出てくる思春期は、「やらされ感」があっただけで拒絶、というのが当たり前になります。

2 おすすめのあそび（知育教材以外編）

ここからは、知育教材以外の、おすすめのあそびをご紹介していきます。

①「あたまとり」をする

普通のしりとりでも、十分ワーキングメモリのトレーニングになり、アハ体験にもなります。

「あたまとり」とは、普通のしりとりとは違って、頭の文字が語尾につく言葉を考えるという言葉あそびです（たとえば、「ねずみ」→「きつね」→「たぬき」など）。

実際にやってみるとわかるのですが、あたまとりはしりとり以上に難しい。というのは、人の脳は、頭から探索するようにできていて、語尾探索はきついと感じるからです。

最近では難関中学の入試でも、たとえば、「2字熟語でしりとりをしなさい」という問題が出題されています。私から見ると、この問題はワーキングメモリのはたらきを試しているんだな、と思えます。

中学校の側でも、こういうことがちゃんとできる子のほうが後伸びすると考えているのかもしれません。

②読み聞かせをする

読み聞かせは、厳密に言うとあそびではありませんが、この時期に絶対にしておくべきことの1つです。

「親子いっしょに」ということが重要なのは、人と接していて楽しいとか、お母さんの楽しさが自分の楽しさとして伝わってくるとか、そういう共感性が知的な発達にも必要だからです。実際、幼児期の双方向の読み聞かせが幼児の知能を高めることが示されています。

読み聞かせをすると、感情のいろんな起伏も含めてお母さんの感情が子どもに伝わります。

そのときの脳活動を調べると、イメージが膨らめば膨らむほど、特に後ろの頭頂連合野の角回が活発化します。文章にのめり込んでその世界が見えているときなんて、特にそうなります。

おもしろいことに、そのとき子どもの前頭葉は鎮静化しています。リラックスするのです。

つまり、**読み聞かせは、心を落ち着かせ、想像性を豊かにする**のです。

ちなみに、角回というのは、イメージをつくったり想像したりと、情報と意味のまとめのようなことをやる部位です。

後頭葉の視覚情報、側頭葉の言葉の情報や意味の情報、頭頂葉の動きの情報をまとめあげる位置にあります。

ここが壊れると比喩表現が理解できなくなりますから、読み聞かせは従来からいわれるとおり、すぐれた理解力、豊かな表現力の基礎になります。また、複雑な人の心を理解する力の育成にもつながります。

◉読み聞かせは何歳からやればいい？

よく、「読み聞かせは何歳からやればいいのですか」と聞かれることがあります。私は、言葉がよくわからなくてもリズムによって心が伝わりますから、何歳からというのはないと思っています。

たとえば、「私たち」という言葉を、言語的に理解している部分もあれば、「わ・た・し・た・ち」と音韻やリズムで理解している部分もあって、実はその音韻やリズムには感情や情動が入ってきます。

だから、言葉としては伝わっていなくても、心地よいリズムとしては伝わるので、何歳からはじめてもいいということになります。それこそ、音楽を聞かせる感覚に近いことです。

ただ、**言葉を伝えよう、教えようとしてやっているようでしたら、やめたほうがいい**でしょう。そうではなくて、「私の感情のリズムとつき合ってね」というつもりでしたら、早すぎることはないと思います。

ここでも、「基本は楽しく」です。

③体を動かす

運動も、頭を鍛えるにはいいということがわかっています（くわしくは、第4章でお話しします）。

小さいときから体をよく動かしていると、たとえばGO／NO‐GO課題（行動を抑える力のテスト）の成績がよくなるとか、小学校に入ってから気持ちのコントロールがしやすくなる、注意力や集中力についてもよくなるという利点があります。

だから、運動だからといって息抜きというわけではなく、真剣にやっていただきたいと思っています。

たとえば、163ページでくわしくご紹介する「**柳澤運動プログラム**」は、体を鍛えることではなく、体を動かすことを通して体のコントロールができるようになるのが目的です。

実際、こういうプログラムを続けていると、側転、逆上がり、なわとび、跳び箱などができるようになります。

体というのは、自分にとって一種の他者みたいなものですから、それがちゃんと操作できるということは、他人の気持ちや自分の気持ちを扱えるということにもつながります。

また、**最初はできなかったことが、だんだんできるようになっていくという感覚を身につけることも大切です。**失敗はしても、がんばればだんだんできるようになる、その育ちの感覚を身につけるのに、身体はいい素材になります。

できないものはできない、という感覚の把握も実は重要で、これがないと妄想だけが進んでしまいます。現実との兼ね合いを知るという意味でも、体のコントロール体験はすばらしい素材になるのです。

◉意識してさせることが大切

この「体を動かす」ということは、おそらくみなさんの世代でしたら、勝手に野山を走り回ることでできていたと思いますが、いまの時代はそういうことがほとんどありません。

保育園、幼稚園のプログラムでやるか、家だけでとなったら、本当にこれは意識してやらせなければなりません。

小学校に入って逆上がりができない子なんて、昔はそんなに多くなかったのですが、いまは非常に多いといいます。なわとびや跳び箱ができない子だってたくさんいます。

逆上がりができないといけないというわけではありませんが、できる子の比率が減っているということが、単に身体能力だけでなく、注意力、気力、学力にも影響している可能性があることについては、考えておかなければいけないでしょう。

あそびでトレーニングできれば、それに越したことはない

ひらがなを覚えるとか数をかぞえることができるようになるということは、ワーキングメモリの成長なくしてはありえない話で、それ自体のトレーニングにもなるものです。

ただ注意しないといけないのは、数がかぞえられるようになることや、ひらがなが書けるようになるのが、たとえば小学校入学のための必須条件かというと、まったくそんなことはないということです。

ひらがなや数字を覚えるということは、たしかにすばらしい脳トレーニングではあります。

しかし、それ、それをなにがなんでもやらせよう、となったとたんに、今度は逆に子

どものやる気をそいでしまうので、そこは考えておかないといけません。

親のほうとしては、どうしてもひらがなとか数字に目が行ってしまうという気持ちもわかります。

しかし、**あそびでも十分トレーニングはできる**ということだけは、ここでしっかり理解していただきたいと思います。

くり返しますが、**特に幼児期の子どもに何かをやらせるには、「楽しい！」と感じさせるということが、何と言っても大切**なのです。

第3章のポイント

1 知能を伸ばせるあそび、知育教材について知る

2 何よりも、子どもが「楽しい!」と感じられるかどうかを重視する

第4章

頭がいい子を育てる5つの習慣

本書もいよいよ最後の章です。ここでは、あそびや学習以外の点で、親御さんが気をつけるべきことについてご紹介していきます。

第1章の最後に出てきた、体を使うトレーニングのテストを覚えていらっしゃいますか？　やってみると、学習やいわゆる脳トレのときと同様、体を使うときでも、実際に脳を使っているという感覚がよくわかりますよね。

このように、日常生活のなかで、ワーキングメモリを使っているという感覚がなくても、実はけっこう使っているというものがあります。

これらのことを、お子さんに意識してさせることによって、効果的に頭を鍛えることができるのです。

そのための習慣を5つ見ていきましょう。

1 適度な運動をする

本書でもたびたび登場しましたが、**運動をすることによって脳機能が鍛えられる**ことがわかっています。

運動すれば、頭がよくなる！

次のページの写真は、高齢者の方がトレッドミルの上でウォーキングをしているところです。

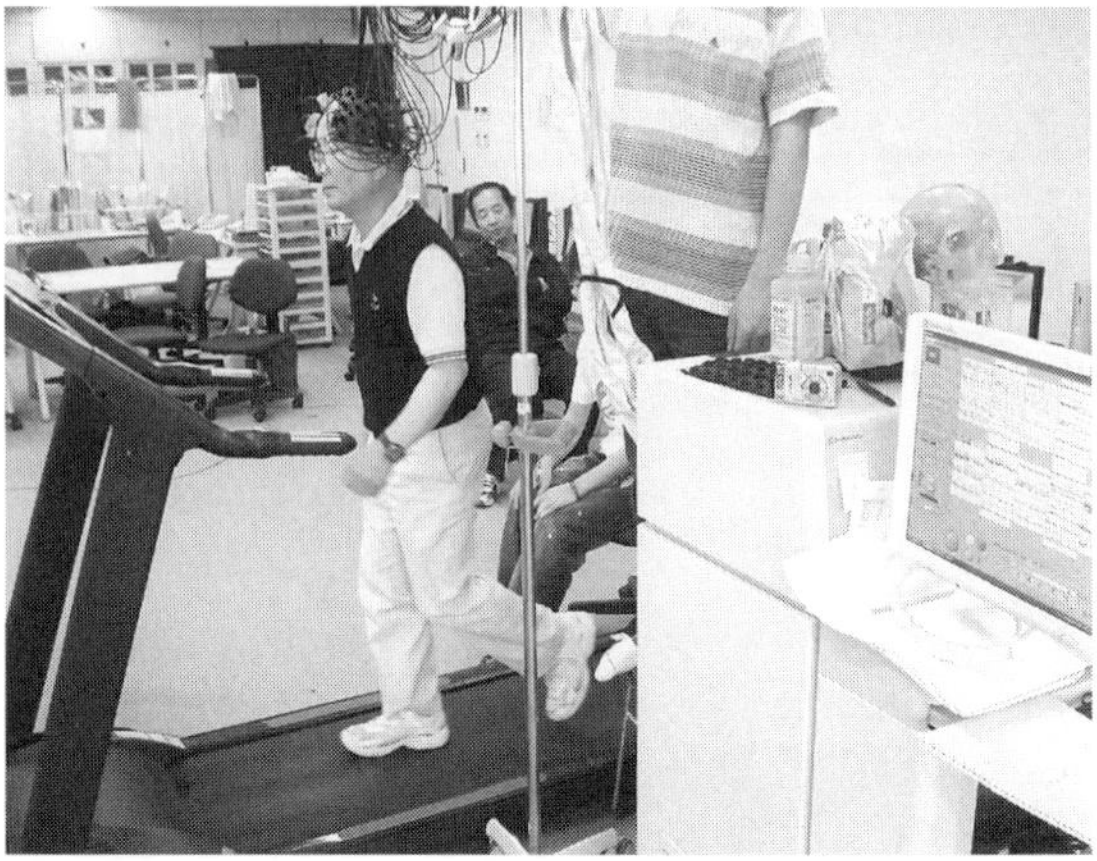

頭に装置をつけて脳活動を調べると、最初、楽にウォーキングしている間は、前頭葉はむしろ鎮静化してきます。楽で心地よいということです。

ところが、30～60%ぐらいの強度、つまりちょっと息が切れて隣の人としゃべるのがきついぐらいになってくると、前頭葉が一気に活性化してきます。そもそも、このぐらいの強さが医者からすすめられるウォーキングのきつさなのですが。

極端な話、別に変な脳トレをしなくても、ウォーキングをすればいいということにもなります（実際、高齢者ほど、むしろウォーキングのほうが有効かもしれないという説はさかんに出ています）。

次のページの写真は、ウォーキングと似ていますが、自転車こぎをやっているところです。

ウォーキングのときとはちょっと違って、私のほうからこの子に、「もっとこげ」や「止まれ」という信号を出して、その命令に従ってもらっています。

なぜそんなことをしているのかというと、みなさんも小さい頃、野山を飛びまわっていたと思いますが、それを実験室で再現するためです。

そうすると、強くこぎはじめたり急に止まったりする瞬間ごとに、前頭葉の活

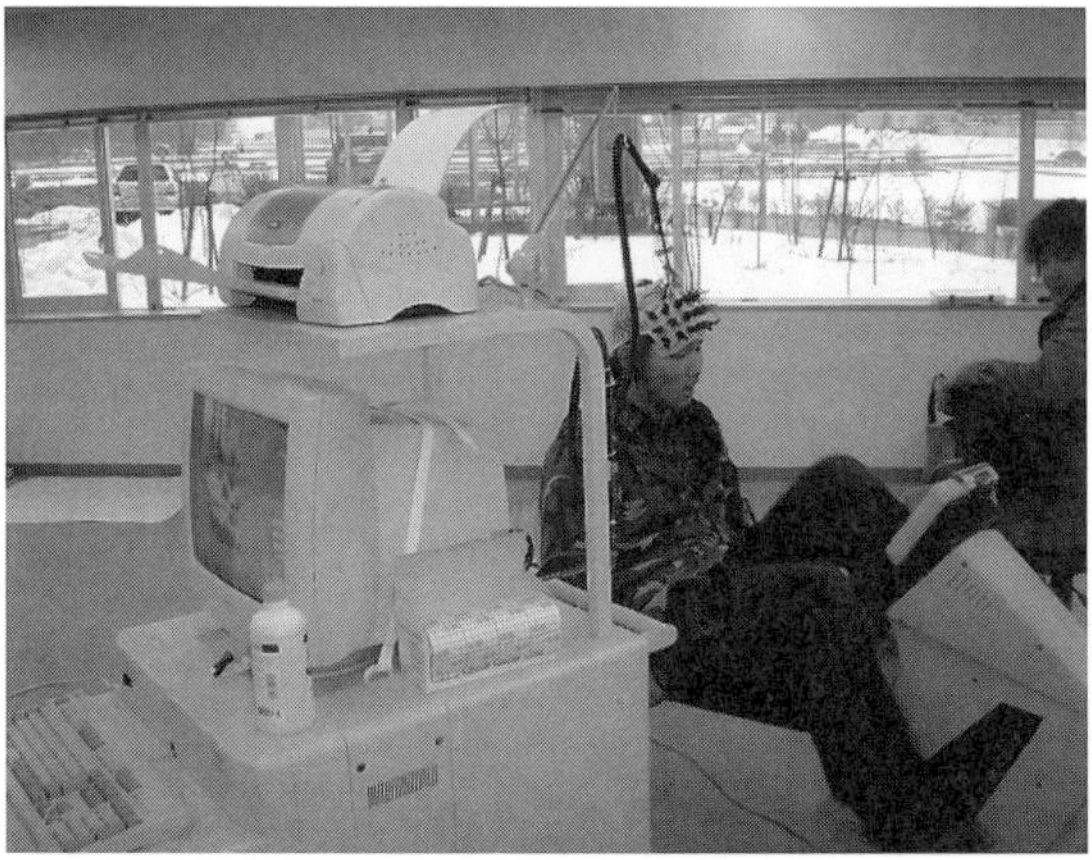

動が急上昇していることがわかりました。

だから、子どもがそのへんを飛びまわっているだけのように見えても、意外とその子にとっては脳トレになっているのかもしれません（逆に、そのへんを飛びまわっていない子は危険なのかもしれませんが）。

楽しく運動できる「柳澤運動プログラム」

幼児期には、具体的にどんな運動をさせればいいのでしょうか。

150ページで少し触れた「**柳澤運動プログラム**」を基本に考えていただければいいでしょう。「柳澤運動プログラム」は、松本短期大学の柳澤秋孝教授が考案したプログラムです。

たとえば、「**くまさん歩き**」というものがあります。くまをイメージして腰をやや上げた四足歩きです。

これができるようになったら、「**片足くまさん**」。「くまさんは足をけがしたので片足でぴょんぴょんするんだよ」とします。これで子どもたちは体を手で支えられるようになっていきます。

それから、下のイラストのような「**足うちじゃんけん**」。身体が両手で支えられ、あごが開いた状態になります。こうなると、側転への移行は容易です。

こんなふうに小さな段階を追っていくと、最終的には、なわとび、逆上がり、跳び箱ができるようになっていきます。

ごっこ遊びを体系化して、達成感を何度も味わいながら、楽しく運動技能が身につくのが柳澤運動プログラムなのです。

ひざのうえにたてるかな？

1

親は両ひざを立てて座ります。子どもは、親と手をつないで親のひざの上にのぼり、バランスを取りながら立ちます。親はまず、両手を持ってください。

2

次に両ひざを持ってください。

3

慣れてバランスが保てるようになったら補助を外してみましょう。一人で立てるかな？

出典：幼児ポピー「ほほえみお母さん」
平成22年12月

3

手は離さないで、子どもの頭をおなかに向けさせてください。

4

ゆっくりでんぐり返しでぐるりんぱ！

5

上手に回れたかな？

かたからごろん

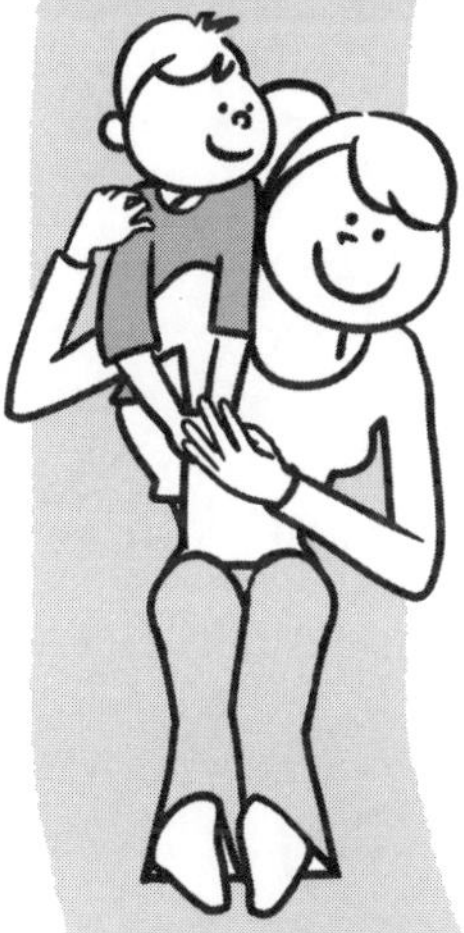

1

後ろから子どもの腕を伸ばして、親の肩から顔を出したら……

2

子どもを肩のところでうつぶせにしたら、後頭部をしっかり押さえてください。

わにさんあるき

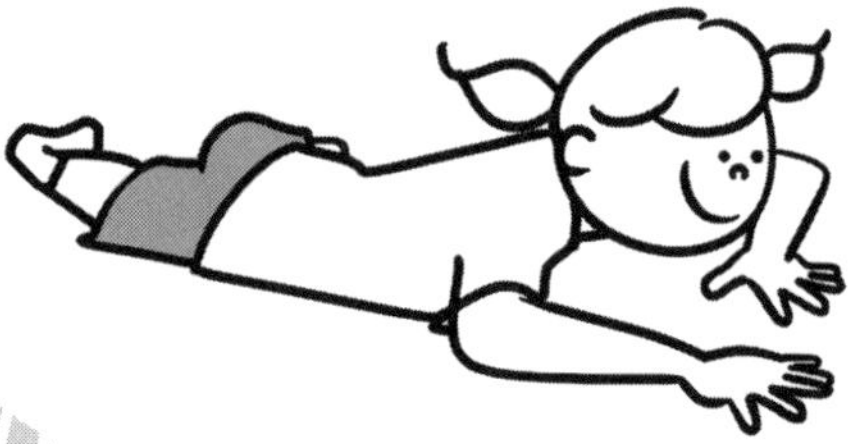

1

おなかを床につけて、わにさんのポーズをとります。手のひらをぴたっと床につけよう。

2

わにさんになったつもりで、手と足を交互に動かしてくねくね進もう！

3

あごを低くするといいですよ！

出典：幼児ポピー「ポピっこあかどりわぁくん」

注意力の向上も期待できる

このプログラムをさせ続けた幼児には、**注意力・抑制力の上昇が見られました。**

特に改善の見られた項目は、以下のとおりです。

・反抗しているわけではないが、指示に従えない
・課題や活動を順序立てて行うことが難しい
・やたらと走りまわったり、高いところに上がったりする
・静かに遊ぶべきときに、静かに遊んでいられない
・ひどく無口である
・順番を待てない

長野県では、こういう運動体験をした子どもたちを小学校入学後も追跡調査し

て、そうでない子との比較を行っています。

さまざまな差が小学校入学後も続くので、特に小さい頃に体をしっかり動かしておくことが、たとえば「小1クライシス」などの低学年問題を解消する方法になるのではないかと考えています。

もう1つ、**チャレンジ型の自然体験も重要**です。信州大学の平野吉直先生たちが行ったのは、「15日間お手伝いとキャンプの旅」。

最初の2、3日は普通にキャンプ。次の5、6日は奥阿賀の里というおじいちゃん、おばあちゃんだけがいるようなところでひたすらお手伝いをさせます。それから戻ってきて、離島でサバイバル的なことをやる。

このキャンプの前後でいくつか脳機能テストをしてみると、成績がよくなっていたり、「生きる力テスト」の数値が伸びたりしていることがわかりました。

2 手を使った作業をする

頭をよくする2つめの習慣は、**手を使って細かい作業をすること**です。

面倒な作業ほど脳が活性化？

私が気に入っているのは次のページのデータです。上も下もどちらもニンジンの皮むきをしているときの脳活動です。

左側が左の脳、右側が右の脳。前頭葉側になります。上はピーラーを使ったと

面倒な作業ほど前頭葉は活性化

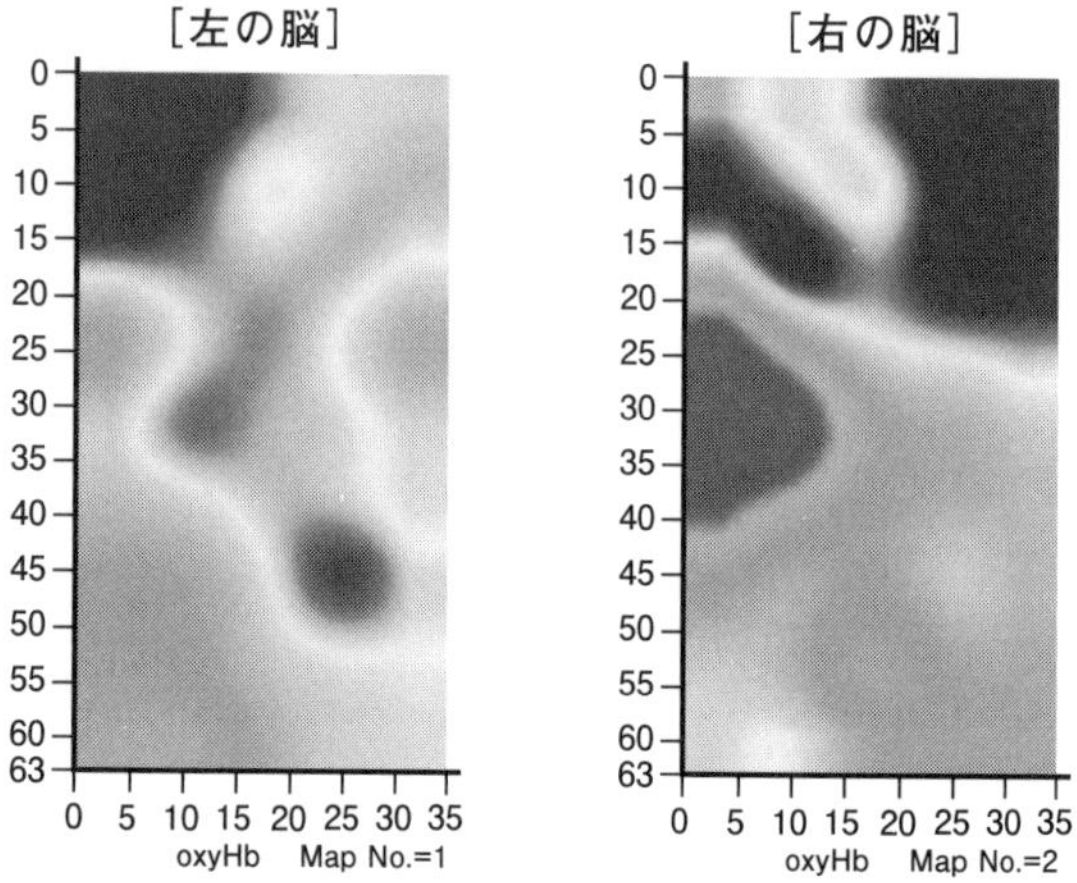

ピーラーを使ったとき

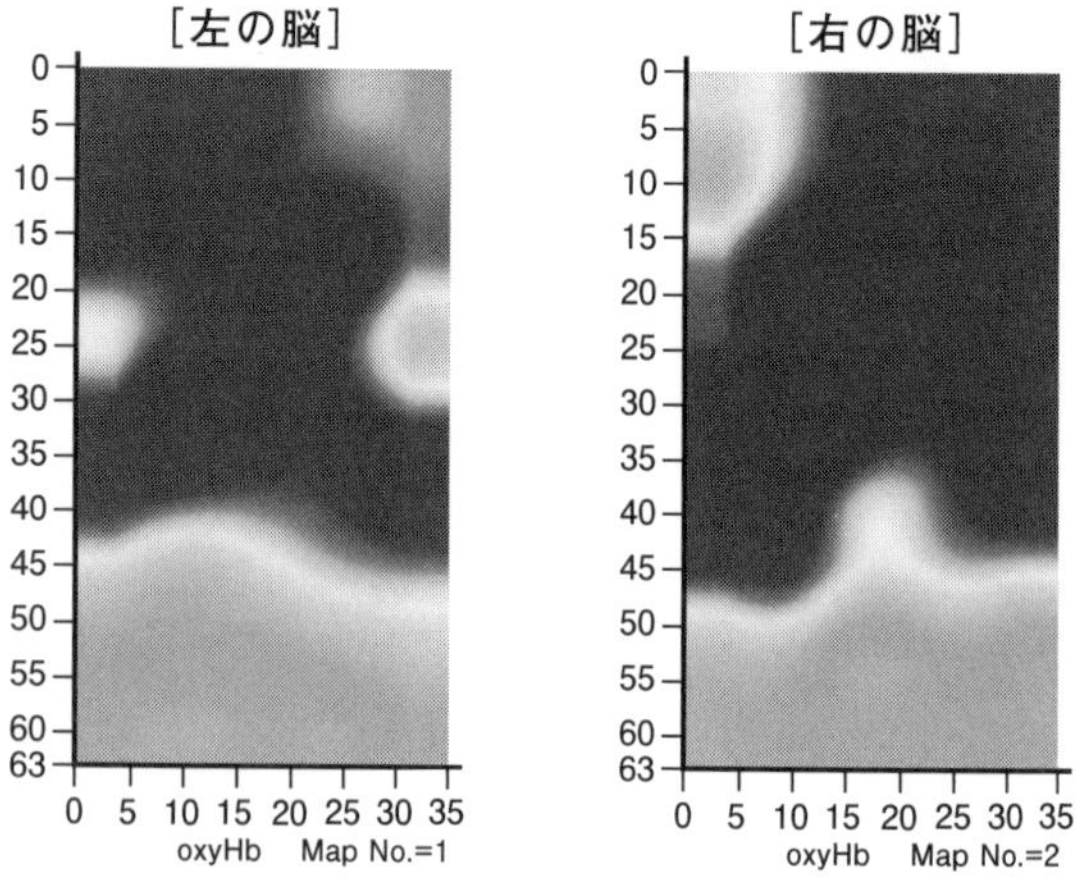

包丁を使ったとき

図の黒い部分は活性化していることを示す。

きで、下は包丁を使ったときのものです。

これを見ると、包丁を使う、つまり面倒なことをやったほうが、脳は活性化することがわかります。面倒なことを年中やると疲れてしまいますが、たまにはやったほうがいいということですね。

あるいは、面倒くさいほうを選んでしまったら、あれはあれで脳トレだったんだと思えば、少しは心が安らぐと思います。

心を込めると、さらに脳が活性化？

こんなおもしろいデータもあります。キャベツの千切りなのですが、いつもどおりの場合と、心を込めた場合を比較してみました。

なんと、心を込めて千切りしたほうが圧倒的に活性化するのです。

私たちは、これまで何をすれば脳が活性化するのかを追い求めていましたが、いままでは、「○○を」というよりも、そのときの「心持ち」のほうが脳の活性化に役立つと考えています。

しかも、この心を込めるということは、きわめて再現性がいいのです。

キャベツの千切りばかりではありません。机の上をふくときも、心を込めたほうが活性化します。**掃除機をかけるときも、筋トレでも、心を込めたほうが活性化します。**

これはテレビ番組で行った実験ですが、歯みがきをするのにも気持ちを込めてしたほうが活性化していました。計算課題でも、やはり根性を入れて一問一問、大事に解くほうが活性化します。

なんだかんだ言っても、**気持ちを込めるということはすごく重要**なのです。

みなさんも小さい頃におじいさん、おばあさんや、ご両親、先生から、何をやるにしても、「気持ちを込めなさい」と言われたことがあるのではないかと思いますが、それはきわめて合理的なアドバイスだったのです。

とはいえ、夏休みに子どもにお手伝いをさせようとすると、「面倒くせえ」と言ってくるかもしれません。「面倒なことを、心を込めてやると、あなたのためになるのよ」と、まあ言ってもきかないとは思いますが、それが真実なのです。

少なくとも、親の側が、確信を持って言い続けることが重要だと考えてください。

3 料理の手伝いをする

先ほどの「面倒なことをやる」という話にもつながってきますが、**料理をやっているときには脳活動が強く出てきます。**

たとえば、野菜の皮むきなどの面倒な手作業をいっしょにやったりするといいでしょう。

それから、おいしいものをつくっている間は、いわばお預け状態になっているので、よけいに脳活動が活発になるという側面もあります。

テレビ番組で、ある実験をしたことがありました。

そのときは丑年だったので、ウシの特集をやっていたのですが、牛肉をただ食べるにも、まず匂いだけだと脳活動はどうなるかとか、ジューッと音だけ聞いたらどうなるかとか、それを両方いっしょにしたらどうなるかと、いろいろ調べてみたのです。

そのときにわかったのは、お母さんが台所でお料理をしていて、まずトントントンと音がして、だんだん香りがしてきて、料理が出てきて、食べて、という手順で脳は徐々に活動を高めていくということでした。

4 人とかかわる

4つめは「人とかかわる」ですが、このことと頭がいい子を育てることとは、どのような関係があるのでしょうか。

面と向かって話すと、脳が活性化

信州大学の野外教育コースの人たちといっしょに、面と向かって会話をしているときと、携帯電話を通して会話をしているときの脳活動を比較しました。

そうすると、**面と向かって会話するほうが、前頭葉は活性化する**ことがわかりました。これは、面と向かったり、同じ空間にいたりすると、意識しなくても人の表情や雰囲気を読んでしまうので、そのぶん、前頭葉の活動が高まるということだと思われます。

子どもの場合、人の集団の中に入れておくとか、面と向かってちゃんと話をさせるということは、絶対に必要なことだと思います。

私たちもこれから年をとっていくと、いろんな会合に出るのが少しずつ面倒くさくなってきますし、出れば出るだけ疲れてもきます。

でも、疲れるということは、そのぶん、頭のトレーニングになるという、よい点が大いにあるということは覚えておくといいでしょう。

ただ、このようなデータを出すと、「だから携帯はだめなんだよ」という話に持っていきたがる人が出てきますが、それは必ずしも正しくありません。

第1章で出てきたような活性化テストを体験していただくとわかると思いますが、脳が活性化しているときは、けっこうつらい。ストレスです。

ですから、このデータでは、携帯のほうが気楽に、そのぶん長く話せるとか、あるいは、すごく気が進まないことを告白しなくてはいけないときは、顔を合わせないほうがいいかもしれないとか、そういうことを言いたいのです。

あくまでも、ものは使いようということです。

「笑い」の効果

コミュニケーションでは、笑うことが重視されます。笑うと、ＮＫ活性（免疫力の一指標）が上がるとか、血糖値が上がりにくくなるとか。

それと同時に、**笑うと（あるいは笑わせようとすると）、前頭葉も活性化します。**

昔、あるタレントの方に、テレビ番組で私の研究室に来ていただいたことがありました。

お題についてダジャレを言うのをアナウンサーが聞く。番組のねらいとしては、2人の脳活動を調べると、両方とも活性化していて、だからやっぱりボケ予防にはお笑いを、みたいな話で番組は丸く収まる予定でした。

しかし、実験は失敗しました。残念なことに、そのタレントさんのダジャレでは笑いがとれなかったのです……（それでも彼が笑わせようと思ってダジャレを言っているときの脳活動には、きわめて高いものがありましたが）。

ですから、みなさんのまわりにも、しょうもないダジャレをおっしゃる方がたくさんいると思いますが（？）、それはそれで、彼にとっては脳トレなのだと思って、やさしく見守ってあげてください。

できるならば、「あ、いまダジャレを言ったんだ」と思ったら、笑ってあげてください。

実際、この実験のときもアナウンサーがあまりに笑わないから、「笑ってください」と言って無理やり笑わせると、ちゃんと脳が活性化していましたから。

笑顔を見るだけでも、脳が活性化!?

なんでこんなくだらないことを言うのかというと、実は、笑顔が次々に出てくるスライドショーをただ見ているだけでも前頭葉が活性化するからです。

富山大学の先生たちも、サルの実験で同じようなデータを出しています。これはサルの扁桃体の一部（情動とか気分の中核）をどう育てるかについての実験です。

サルの場合も、笑顔に対して扁桃体の一部が活性化しやすくなります。特に飼育者、エサをあげる人の笑顔で活性化しやすくなります。

このことを人に戻して言うと、やはりお母さんやまわりの近しい家族、あるいは学校関係の人などの笑顔は、子どもの脳を育てる可能性がきわめて高いのです。

ですから、**笑顔のあふれる家庭や学校、地域は、それだけで子どもの脳を支えてくれます。**

極端な話、形だけでも笑っとけということにもなりますが、できれば心の底から相手を思いやり尊敬できれば、もっといいかもしれないというのが、この実験からわかったことです。

子どものいいところを探すと、親も脳トレできる！

次のページの図は、私の研究室に主婦の方にお集まりいただいて、「ご主人のいいところについて20秒間思い出してください。それから、嫌なところについて20秒間思い出してください」というのを5回くり返すという、地獄のような実験（笑）をしていただいたときのものです。

夫のいいところを思い出すと前頭葉が活性化

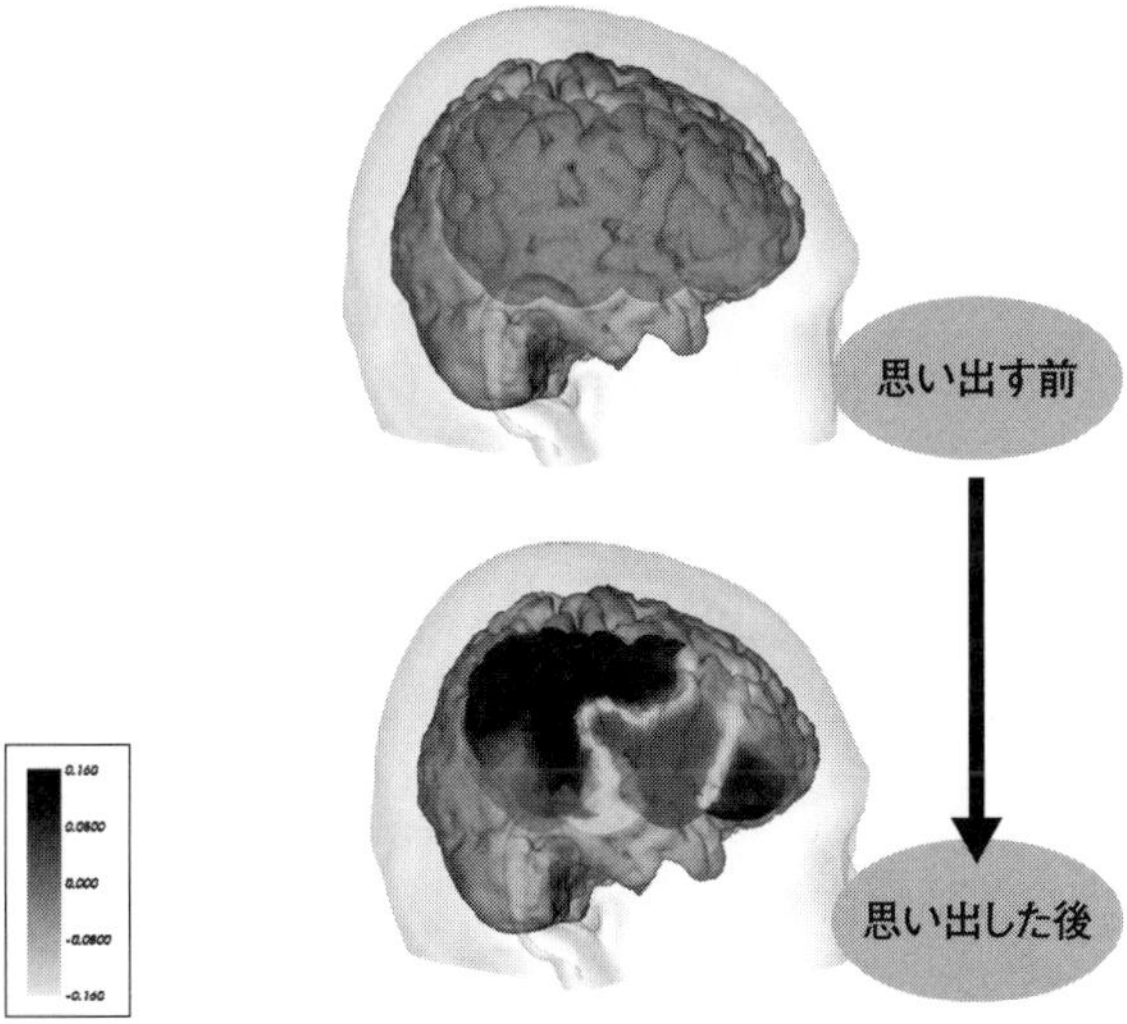

その結果、なんと、夫のいいところを思い出そうとすると、嫌なところを思い出そうとするときに比べて、前頭葉や頭頂連合野が活性化しやすくなることがわかったのです！

もちろん逆に、夫が妻の、または先生が生徒の、生徒が先生の、部下が上司の、上司が部下の場合でも成り立ちます。

ですから、この本をお読みの

みなさんも、ご不満はあるかとは思いますが(?)、配偶者の方や上司(部下)のいいところを想像するだけで脳トレになるのです。

いま小学校では、「いいとこ探しシート」のようなものがあったりしますが、それもこういう意味合いを持つと思っていただければいいでしょう。

ゲームは脳によくない?

人とのかかわりという話に関連して、どうしても、「家に引きこもってゲームばかりするのはよくないのではないか」という話が出てきます。

ゲームをしているときに、実際の脳活動を見ていると、意外に鎮静化しているという結果が出ます。これをもって危険だという話が出てきたのですが、このことは別にそんなに怖い話ではありません。

要するに、そのデータは、ゲームをしているときには脳がリラックスしていることを示しているだけです。

このところの報告には、テトリスで前運動野が厚みを増すとか、前頭葉が効率的に使用できるようになるとか、ゲームが脳トレになることを示唆する研究が少なからずあります。

条件しだいでは、ゲームでも脳を活性化できる

私たちは、全家研ポピーと共同で、小学校入学準備をテーマにしたニンテンドーＤＳゲーム「わくわくＤＳ１ねんせい」を開発しました。開発には、脳活動の計測データを利用しました。

そのときの研究結果では、**ゲームでも一定の条件を保てば脳が活性化する**ことが認められました。

この「一定の条件」とは、次の6つです。

①ワーキングメモリを使う間を与える

ワーキングメモリは、ある目的のための一時的な記憶です。

わずかな時間でも間をおき、ある目的のための記憶を保持させることで、特にこめかみの上あたりの部位が活性化します。逆に、「できるだけ早く」をくり返すと、脳は鎮静化していきます。

②ゲーム内で我慢が要求される

シューティングゲームで問題なのは、速い反応を求めすぎるので動きがパターン化してしまうことです。GO反応といって、「やれ」という信号は多いのですが、NO－GO反応、つまり「やめろ」という信号が少なすぎる。

このため、「やめろ」という信号を入れてあげると前頭葉が活性化します。

行動や気持ちを抑制することも前頭葉の重要な機能です。「あることを覚えておきながら、それを少し抑制して、ほかのことをする」という知的作業の並行処理が可能になるためには、やめる力が必要なのです。

③楽すぎず、きつすぎず

楽すぎると前頭前野はあまりはたらかないし、きつすぎてもはたらきを止めてしまいます。「ちょっとがんばればできる」という難易度が効果的です。

徐々にレベルを上げていく工夫も必要です。

④10分程度を目安にする

長くゲームをやると脳の自動化が進み、前頭前野が鎮静化してきます。それはリラックスや心地よさにつながりますが、トレーニングにはなりません。

10分くらいでひとくぎりにしましょう。

⑤達成感を与える

できた、わかった、なるほど、あっそうか！――そういうときに脳は活性化します。ゲームが終わったときなどに達成感が得られることが必要です。

⑥タッチペンを使う

ボタン入力よりもタッチペン入力のほうが、前頭前野は活性化します（先ほどの、「面倒なことのほうが脳は活性化する」という話にもリンクします）。

長時間ゲームをさせないための工夫

しかし、そうは言っても年中ゲームをしていたのでは、勉強する時間、家族で過ごす時間が奪われます。

これは大きな問題ですし、子どもが長時間ゲームでひたすら癒されていていいのか、という問題も出てきます。

また、ゲームにはまりやすいタイプの子どもがいることも知られています。具体的には、注意欠陥多動系とか自閉傾向を持つ子たちがはまりやすくて、しかもその子たちの症状を悪化させる傾向があることまでわかっています。

古い話ですが、「ドラクエⅢ」が流行った頃に行った実験で、ゲームをしているときは、脳は鎮静化しているのですが、そのとき横から、「で、そのダンジョンをどうやって乗り越えればいいわけよ?」と親が積極的に口出しすると、いきなり脳が活性化したことがありました。

こうなると、リラックス状態ではなくなるので、ゲームが長く続けられなくなります(このときも、1時間の実験の予定が25分ほどで終わりました)。

先ほどの携帯電話の話ではありませんが、脳が鎮静化している状態は長く続けられますが、活性化している状態は持たなくなるのです。

意外に効果的なのは、おじいさん、おばあさんが横から話しかけること。子どもは、古い言葉の意味がわからないからです。

家や学校のルールとしてゲームをやらせないというのももちろんありですが、裏ワザの1つとして、こういうのもありますね。

それから、同じゲームでも、ネットゲームで麻雀をしているときの脳活動と、人と麻雀をしているときの脳活動を比べると、後者のほうが活性化することがわかりました。

つまり、みんなでわいわいするのは脳を活性化してくれますから、友だちと大騒ぎでゲームというのもそれほど悪くはないのです。

5 バランスのよい食事をとる

最後は、バランスのよい食事です。食事は、健康な体をつくるうえで重要な要素ですが、1つの器官である脳にとっても、言うまでもなく大切なものです。

脂肪は摂らないほうがいい？

生活習慣病予防では、脂肪は嫌われがちです。ところが、脳は水分を除くと半分は脂ですので、実は**脳にとって脂質はとても重要です**。

急速にコレステロール値が落ちると、脳機能が低下することもあります。

だからこそ、肉類の脂肪酸、植物性の脂肪酸、それから魚類の脂肪酸をバランスよく摂ることが重要になってきます。

魚類の脂肪酸には、ＤＨＡとＥＰＡがあります。

①ＤＨＡ　神経細胞どうしの結合を強化する。トロ、ブリ、ウナギ、イワシ、サンマ、サバなどに多い。

②ＥＰＡ　悪玉コレステロール、中性脂肪を減らす。イワシ、サバなどの青魚に多い。

実際に、認知症予防の観点からは、週3回以上魚を食べている人たちのほうが認知症のリスクが低下するということが、世界中から出てくるデータで実証されています。

ネズミの実験でも、ベータアミロイド、つまり年とともに増えて、アルツハイマーのもとになる物質の抑制に役立つということがわかっています。

また、野菜をきちんと摂取する人、特に緑黄色野菜の摂取量が多い人のほうが認知症になりにくいというデータも世界中から出ています。「魚を食べて野菜を食べなさい」ということも、この手の話ではもう定番ですね。

ただ、もちろん脂肪の量が多すぎてもいけません。摂りすぎには注意が必要です。

脳のエネルギー源はブドウ糖

ブドウ糖は、おもに炭水化物から摂られます。生活習慣病予防では嫌われがちですが、みなさんもよくご存じのように脳の唯一のエネルギー源です。

なんと、人間の体が使う全エネルギーの20%弱も脳が消費しています（全筋肉とほとんど同じ量！）から、エネルギー不足になると、まず脳が直撃を受けると思っていただいていいでしょう。

ブドウ糖は、米、パン、麺類のほか、肉、魚、卵、牛乳、果物からも摂取されますが、基本的に体内に蓄えられないものです（食後4時間で枯渇するといわれています）。

グリコーゲンの形で肝臓には蓄えられますが、脳にはまったく蓄えられません。朝昼晩、規則正しくとか、**「早寝、早起き、朝ごはん」**といわれるのはこのためで、テストで何十点も変わってくるという話も、みなさんもよく聞いたことがあると思います。

私たちの持っているデータによると、朝食を食べたあと血流が増す脳内の部位と、我慢する課題をしているとき血流が増す場所は、ほぼ一致しています。

だから非常に乱暴な言い方をすると、バカでキレやすい子を育てるには、朝ご飯を抜けばいい、ということになります。

タンパク質も重要

タンパク質は、神経細胞、神経伝達物質の材料になります。

記憶は、神経細胞どうしの結びつきによるもので、その強さには、CREB（脳細胞の核のなかにある分子）などがはたらいて、タンパク質を合成することが必要になってきます。

良質なアミノ酸（タンパク質の構成成分）の組成があるものには、肉、魚、牛乳、卵、大豆などがあります。

西洋では、地中海食（野菜と果物ジュース中心で、穀物とオリーブオイルをバランスよく摂る）が推奨されています。日本でも、肉や乳製品をバランスよく、といわれていますね。

具体的に見ていきましょう。

・**記憶（神経伝達物質のアセチルコリン）にいいもの**
卵黄、トマト、たけのこ、さといも、やまいも、くわい

・**注意、やる気（ノルアドレナリン、ドーパミン）にいいもの**
肉、たけのこ、牛乳、卵黄、ピーナッツ、アーモンド、バナナ

・**安定（セロトニン）にいいもの**
牛乳、チーズ、卵黄、豆腐、納豆、きなこ、ピーナッツ、アーモンド、バナナ、トマト、キウイ、湯葉、ごま、しらす

などがあります。

といっても、これをいちいち覚えるのはたいへんですので、「**ま・ご・は・や・さ・し・い**」という標語を覚えておくと便利です。

ま　⇩　豆類
ご　⇩　ごま
は（わ）⇩　わかめ（海藻類）
や　⇩　野菜
さ　⇩　魚（小魚）
し　⇩　しいたけ（きのこ類）
い　⇩　いも類

これは、もともと生活習慣病予防の観点から使われた標語ですが、いまでは脳科学でもよく取り上げられるようになっています。
要は、多種類の食品を適量摂る食生活がいい、という昔からよくいわれていることです。

ここまでの話をまとめると、

脳を育てる基礎は、食に気を使い、運動すること、そして、人と話し、社会にかかわること

が大事、ということです。

お母さんのための脳の話 2

大人も子どもも、脳にいいことは同じ？

アメリカ国立衛生研究所（ＮＩＨ）は２０１０年に、これまでに報告されてきた「アルツハイマーや認知機能の低下の予防に○○がいい／悪い」という２５０の論文の評価を行いました。たくさんの論文が出ているので、それらの証拠の程度を評価しようというものです。

まず認知機能、つまり記憶力や注意力、推論力が低下してしまうのを防ぐのに役立つ証拠があると認められたのは次の６つです。

・高い証拠：認知的なトレーニング
・低い証拠：野菜摂取、地中海食、オメガ3脂肪酸（ＤＨＡ、ＥＰＡなど）、運動、レジャー（頭も体も使わなくても）

また、アルツハイマー病の危険性を低めることが認められたものは、

・低い証拠：認知的活動、高い身体活動、地中海食、葉酸、高コレステロール血症剤（スタチン）、高い教育歴、軽度から中程度の飲酒

やはり、頭を使って、身体を動かし、食事のバランスに気を使い、しっかり遊ぶことが大切なのです。

ちなみに「地中海食」というのがよく出てきますが、欧米では地中海食がアルツハイマー病予防に役立つとか、認知機能低下予防に効くらしいというのは、ほぼ常識です。そのくらいたくさん論文が出ています。地中海食のうち何がよくて、何は避けたほうがいいのかも研究されています。

その研究を見ると、次のようになります。

サラダドレッシング、木の実、魚、トマト、鶏肉、ブロッコリー類の野菜、果物、濃い緑の葉野菜（単価不飽和脂肪酸、3価不飽和脂肪酸、6価不飽和脂肪酸、ビタミンE、ビタミンB12、葉酸）を多く摂り、脂肪の多い製品、赤肉、臓器肉、バター（飽和脂肪酸）を少なく摂る人に、アルツハイマー病の人が少ない。

これを見ると、えっ、じゃ、なにも地中海食でなくてもいい、イタリア料理、ギリシャ料理でなくてもいい、これって従来から保健の先生や地域の保健師さんとかがすすめてきた生活習慣病予防食、つまり和食でも問題ないんじゃないか、と思われた方もいるでしょう。

そのとおり。20年も30年も前から言われ続けてきた生活習慣病予防食が、認知機能低下予防やアルツハイマー病予防で完全復活を遂げているのです。

子どもも同じです。

たとえば、子どもたちの3歳時点と、8・5歳時点での食事パターンとIQを調べた研究では、3歳時点で脂肪／砂糖が豊富な加工食パターンをとっていた子どもは8・5歳時点でのIQが3歳時点に比べて低下する傾向にありました。

一方、**8・5歳時点で、サラダ、米、パスタ、魚、果物など健康に留意した食事をしていた子どもたちは、3歳時点に比べてIQが上昇する傾向にありました。**

また、スウェーデンの思春期の若者（15歳）386人を調べた研究では、**葉酸（レバー、枝豆、モロヘイヤ、パセリに多い）摂取量が多い者のほうが、学業成績がよりよい**ことが示されています。

運動も学業成績の向上に役立つらしく、1990年から2010年の調査を統合し評価したところ、運動をしていると学業成績がよくなると結論づけられています。

第4章のポイント

1 適度な運動をする

2 手を使った作業をする

3 料理の手伝いをする

4 人とかかわる

5 バランスのよい食事をとる

あとがき　考える力の根っこは「生きる力」

「生きる力」。

ゆとり教育の見直し、まずは学力という方向性にともなって、「生きる力」は死語に近くなってしまいましたが、学力や考える力の根っこに「生きる力」があることは脳の構造から見ても当然です。

・先を見通して、自分で計画が立てられる
・暑さ、寒さに負けない
・誰にでも話しかけることができる

・多くの人に好かれている
・人の話をきちんと聞くことができる……

これは、筑波大学の橘直隆氏らが作成し、文部科学省が「生きる力」を議論するときにしばしば用いられる指標です。

「生きる力」などと言うと御大層ですが、こういうふうに項目を並べてみると、「生きる力」がなければ、このご時世、社会人になっても考える力を伸ばしていけるようにはならないということは自明でしょう。

もっと言えば、この超高齢化社会で老後も社会に貢献していくためには、この「生きる力」は必須なのです。

人の脳は、呼吸、睡眠、食欲など、生きることに直結した脳幹がその根っこにあります。その脳幹を覆うように、好き嫌いやその記憶に関係する大脳辺縁系があり、そのうえに知的活動の中枢、大脳新皮質がかぶさっています。

そして、これらを貫くのがドーパミン、セロトニン、ノルアドレナリンなどの神経系で、脳幹、大脳辺縁系、大脳新皮質を調整していきます。

この3つの層がきちんとはたらかなければ知的な力も育ちません。

次のページのグラフ1は、ある場所でアンケート形式で調べた1100人ほどの「生きる力」のデータです。

残念ながら、小学校から中学校まで低下の一途をたどっています。これが一般的なデータのようです。

だからこそ、この小学校から中学校の「生きる力」の低下が、子どもたちの生

グラフ1

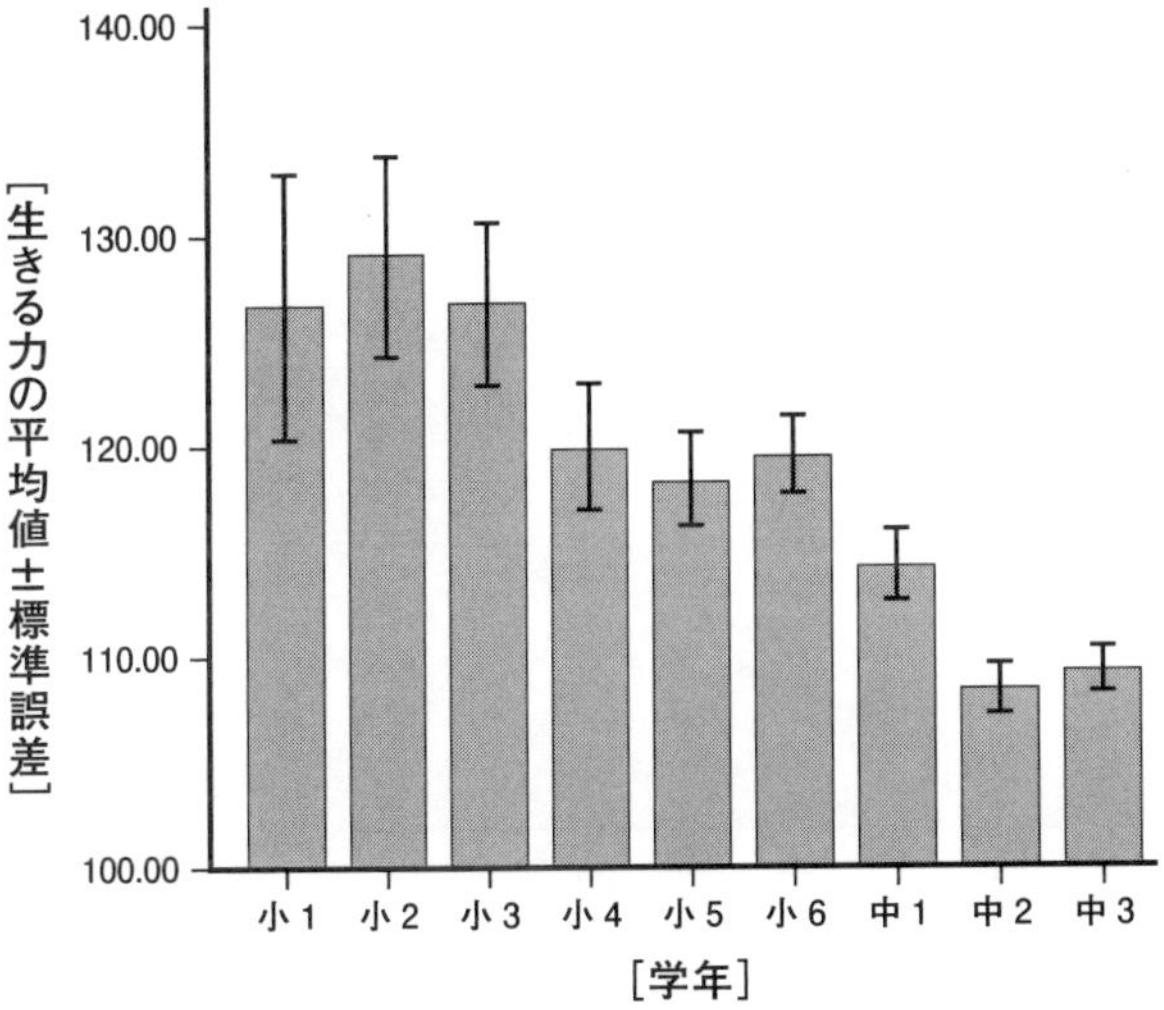
140.00
130.00
120.00
110.00
100.00
[生きる力の平均値±標準誤差]
小1
小2
小3
小4
小5
小6
中1
中2
中3
[学年]

グラフ2

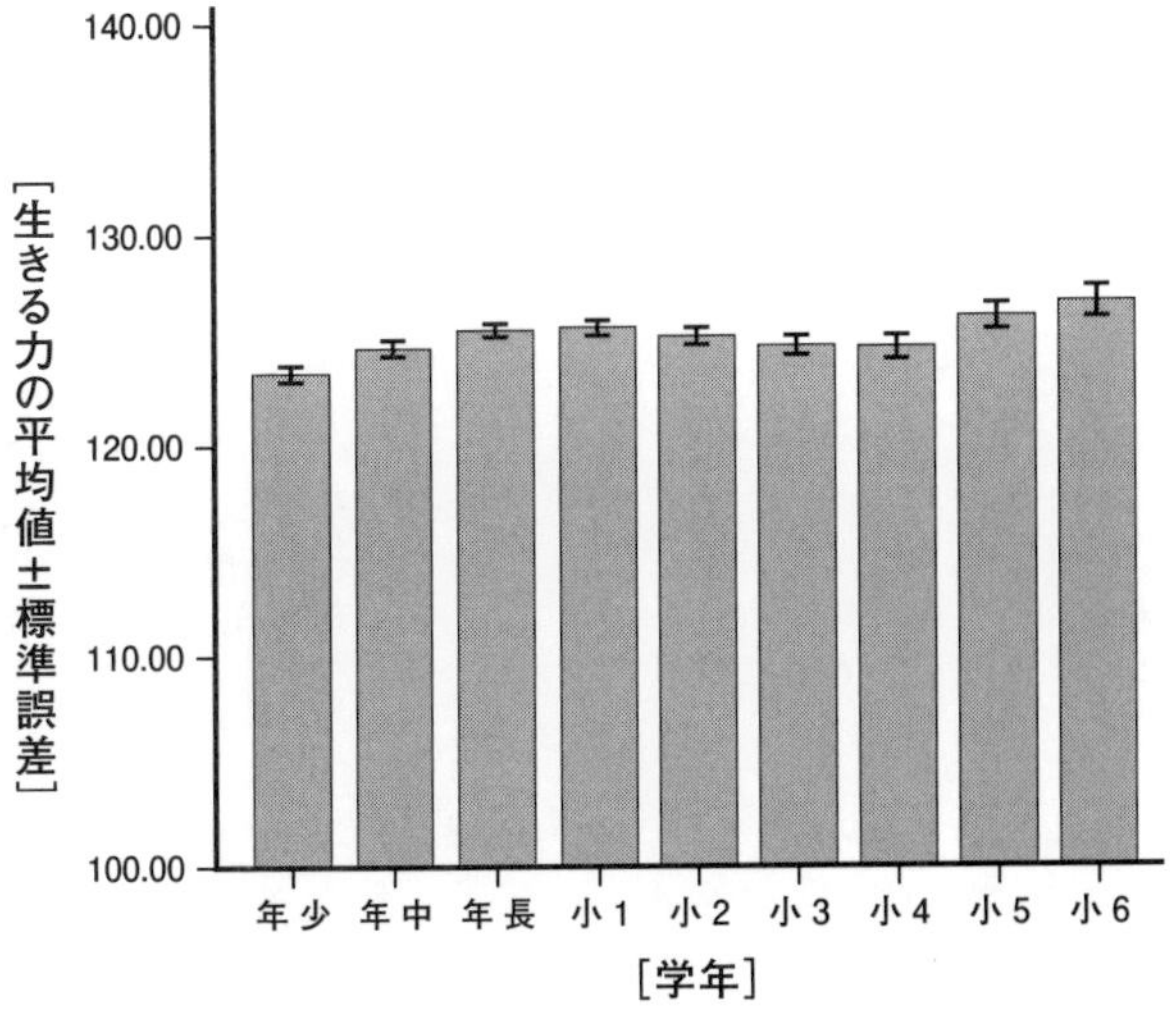
140.00
130.00
120.00
110.00
100.00
[生きる力の平均値±標準誤差]
年少
年中
年長
小1
小2
小3
小4
小5
小6
[学年]

グラフ3

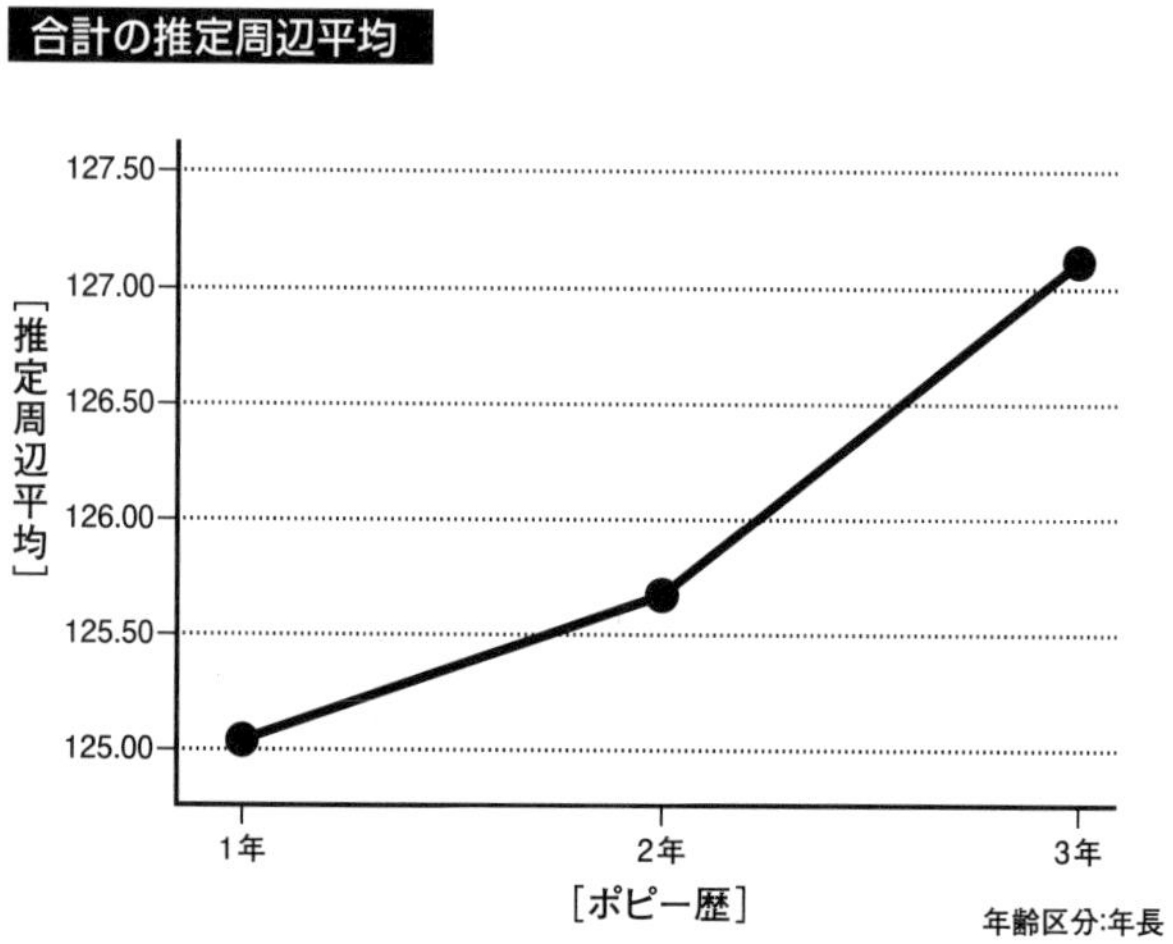
合計の推定周辺平均
127.50
127.00
126.50
126.00
125.50
125.00
[推定周辺平均]
1年
2年
3年
[ポピー歴]
年齢区分:年長

き生きした姿の喪失につながっているのではないか、さまざまな問題行動にもかかわるのではないかと考えられ、「生きる力」を伸ばすことが教育目標にもなったのです。

一方、グラフ2は、本文でも紹介した「ポピー」を使っている人たち1万5千人の「生きる力」の変化です。

幼児期に伸び、小学校低学年でやや停滞しますが、高学年から再び伸びはじめていることがわかります。

この効果は、幼児期でもはっきりと現れます（グラフ3は年長さんのデータ）。ポピー歴が長いほど「生きる力」が高くなっています。年中でも有意な（統計学的に意味のある）差が認められました。小学生でもポピー歴が長いほど、「生きる力」が強い傾向にあったのです。

手前みそな話で恐縮ですが、私は幼児ポピーの監修をしています。あわせて、実際につくった教材で子どもの脳はどう活動するかを調べ、教材の改善を進めています。

先ほどのデータはその方針の正しさを示してくれていると自負しています。そしてそのことは、この本の骨子の正しさも同時に示していると思っています。

幼児ポピーでは、ワーキングメモリトレーニングを主体に、読み聞かせを推奨し、親子でいっしょにあそぶように学ぶこと、好奇心を刺激すること、身体もしっかり動かすことができるように、ワーキングメモリのトレーニングブックと、読み聞かせ、外あそび、内あそびを促進するブックとからなっています。

「家庭教育こそ学力の基礎、育ちの基本」との考えが創設当時からあります。

目先の出来ではなく、子どもの根っこの力、地頭力、生きる力、これらを見つめる力を、この本を通してみなさんが獲得してくださったなら、著者としてうれしい限りです。

最後になりましたが、この本をつくるにあたってディスカヴァー編集部の三谷祐一さんには大変お世話になりました。

また、ポピー編集部とのこれまでの蓄積の一端がこの本には詰まっていますので、ポピー編集部のみなさんにもお礼を申し上げてこの本を閉じたいと思います。

頭がいい子を育てる 8つのあそびと5つの習慣

発行日　2013年3月25日　第1刷

Author　篠原菊紀

Book Designer　阿部美樹子（気戸）
Illustrator　鹿野理恵子

Publication　株式会社ディスカヴァー・トゥエンティワン
〒102-0093　東京都千代田区平河町2-16-1 平河町森タワー11F
TEL　03-3237-8321（代表）
FAX　03-3237-8323
http://www.d21.co.jp

Publisher　干場弓子
Editor　三谷祐一

Marketing Group
Staff　小田孝文　中澤泰宏　片平美恵子　井筒浩　千葉潤子　飯田智樹　佐藤昌幸　谷口奈緒美　山中麻吏　西川なつか　古矢薫　伊藤利文　米山健一　原大士　郭迪　蛯原昇　中山大祐　林拓馬　本田千春　野村知哉　安永智洋　鍋田匠伴
Assistant Staff　俵敬子　町田加奈子　丸山香織　小林里美　井澤徳子　橋詰悠子　藤井多穂子　藤井かおり　福岡理恵　葛目美枝子　田口麻弓　佐竹祐哉　松石悠　小泉和日　皆川愛

Operation Group
Staff　吉澤道子　松尾幸政　福永友紀
Assistant Staff　竹内恵子　古後利佳　熊谷芳美　清水有基栄　小松里絵　川井栄子　伊藤由美　福田啓太

Productive Group
Staff　藤田浩芳　千葉正幸　原典宏　林秀樹　石塚理恵子　石橋和佳　大山聡子　徳瑠里香　堀部直人　井上慎平　渡邉淳　田中亜紀　大竹朝子　堂山優子　山﨑あゆみ　伍佳妮　リーナ・バールカート

Digital Communication Group
Staff　小関勝則　中村郁子　松原史与志

Cover Photo　© Doable/a.collectionRF/amanaimages
DTP　谷　敦（アーティザンカンパニー）
Proofreader　文字工房燦光
Printing　日経印刷株式会社

ISBN978-4-7993-1300-8

本書は、２００９年に弊社より刊行した
『脳科学者が教える　子どもの地頭をよくする方法』を
改訂・再編集し、改題したものです。